C.H.BECK WISSEN

in der Beck'schen Reihe

Rund 10 000 Jahre Wirtschaftsgeschichte werden in diesem schlanken Buch konzise zusammengefasst – von der Sesshaftwerdung des Menschen und den Anfängen des Ackerbaus bis in die Spätantike. Je komplexer die Gesellschaftsformen wurden, die der Mensch hervorbrachte, umso wichtiger wurde die Sicherstellung der Versorgung der Gemeinschaft, aber umso reizvoller auch die Beschaffung von Gütern, die der sozialen Distinktion dienten. Handel und Handwerk erfuhren im Laufe der Jahrtausende neue Impulse, und es entstand der Typ des Entrepreneurs, der bereit war, hohe Risiken in Kauf zu nehmen, wenn er seine Waren mit Karawanen über Land oder mit Schiffen zur See transportiere, um sie am Bestimmungsort mit großem Gewinn zu verkaufen.

Michael Sommer, Professor für Alte Geschichte in Oldenburg, erzählt in diesem Buch eine ebenso facettenreiche wie spannende Geschichte der antiken Wirtschaft. Von demselben Autor ist im Verlag C. H. Beck lieferbar: *Die Phönizier. Geschichte und Kultur* (2008).

Michael Sommer

WIRTSCHAFTSGESCHICHTE DER ANTIKE

Verlag C.H.Beck

Mit fünf Abbildungen und einer Karte

Originalausgabe

Satz: Fotosatz Amann, Aichstetten
Druck und Bindung: Druckerei C. H. Beck, Nördlingen
Umschlagentwurf: Uwe Göbel, München
Umschlagabbildung: Sklave auf dem Weg zum Markt,
6. Jh. v. Chr., Vasenmalerei

Printed in Germany
ISBN 978 3 406 65480 0

www.beck.de

Inhalt

Vorwort

In der Wirtschaft geht es nicht gnädiger zu als in der Schlacht im Teutoburger Wald.

Was könnte einen Althistoriker, der selbst zum Jubiläumsjahr 2009 ein kleines Büchlein zur Arminiusschlacht im Teutoburger Wald geschrieben hat, besser zur Arbeit an dem hier vorliegenden Band motivieren als dieser Satz Friedrich Dürrenmatts? Wirtschaftsgeschichte, lange abgeschrieben unter dem Eindruck diverser sprach- und kulturwissenschaftlicher «Wenden», ist wieder im Kommen. Davon zeugen nicht nur große Projekte mit internationaler Beteiligung wie das *Oxford Roman Economy Project* (OxREP) und die *Cambridge Economic History of the Greco-Roman World* (2007), sondern auch diverse Einführungs- und Überblicksdarstellungen, die zuletzt im deutschsprachigen Raum erschienen sind, und nicht zuletzt Lehrveranstaltungen wie die Blockseminare, die ich unlängst gemeinsam mit Dorothea Rohde an den Universitäten Bielefeld und Oldenburg veranstaltet habe. In einer Zeit, die viel über Wirtschaft und noch mehr über Krise spricht, möchten die folgenden Kapitel Orientierungswissen geben über eine ferne Epoche, die ihre eigenen Antworten auf nicht minder große ökonomische Herausforderungen gefunden hat. Wenn die sieben kleinen Essays, die sich unterschiedlichen Facetten antiken Wirtschaftens widmen, zum Nachdenken auch über unseren Umgang mit der Welt des Materiellen anregen, dann hätten sie ihr Ziel erreicht.

Ich bin Alexandra Eckert, Christina Kokkinia, Dorothea Rohde und Magnus Widell zu großem Dank verpflichtet, weil sie nicht mit Anregungen und Kritik gespart und mich vor groben Fehlern bewahrt haben. Außerdem gilt mein Dank Stefan von der Lahr und Andrea Morgan vom Verlag C. H. Beck, die die Entstehung des Buches mit Engelsgeduld betreut haben.

Oldenburg, im März 2013 *Michael Sommer*

I. Einleitung: Szenarien

Am Anfang allen Übels war der Apfel. Er wuchs am Baum der Erkenntnis, von dem zu essen Gott Adam und Eva, seinen Kreaturen, verboten hatte. Doch zu verlockend waren die Früchte des Baumes: Eva erlag der Versuchung und gab auch Adam von dem Apfel zu kosten. Die Strafe folgte auf dem Fuß: «Weil du auf deine Frau gehört und von dem Baum gegessen hast, von dem zu essen ich dir verboten hatte: So ist verflucht der Ackerboden deinetwegen. Unter Mühsal wirst du von ihm essen.» Im Garten Eden, in den Gott Adam und Eva gesetzt hatte, wuchsen allenthalben Früchte. Die ersten Menschen hatten sich nur der Opulenz bedienen müssen, mit der Gott sie umgeben hatte. Jetzt verfügte ihr Schöpfer: «Im Schweiße deines Angesichts sollst du dein Brot essen, bis du zurückkehrst zum Ackerboden; von ihm bist du ja genommen.» Gott vertrieb den Menschen aus dem Paradies; Tod und Mühsal waren in die Welt gekommen (*Genesis* 3:17 und 19).

Von Krisen und Konjunkturen

Wer antike Wirtschaftsgeschichte schreiben möchte, muss buchstäblich bei Adam und Eva anfangen. Zwar lädt die Episode ein zu theologischen und psychologischen Deutungen, doch ist sie, vom Standpunkt des Historikers, vor allem eines: eine Erzählung vom Goldenen Zeitalter, wie die antike Welt sie zu Dutzenden kannte. Zuerst taucht bei Hesiod, in griechischer Sprache verschriftlicht, der Mythos von einem «goldenen Menschengeschlecht» auf, das einst unter Zeus' Vater Kronos ein sorgenloses Dasein geführt habe, ohne Arbeit und Hungersnöte. Auf das «goldene» sei ein «silbernes» Geschlecht gefolgt, darauf die Heroen, die schließlich, in der Gegenwart, eine Gattung «eiserner» Menschen abgelöst habe: «Völlig verderbt;

auch senden die Götter noch lastende Sorgen» (Hesiod, *Werke und Tage* 176). Mit jeder Stufe habe sich der Abstieg der Menschheit zu einem immer mühevolleren, freudloseren und moralisch minderwertigeren Dasein fortgesetzt. Für die Zukunft prognostiziert Hesiod noch Schlimmeres: Zeus wird die Menschheit vernichten, «zurück wird bleiben der sterblichen Menschen / Düsterer Jammer, und Hilfe sich nirgends zeigen im Elend» (ebd. 200 f.).

Den Mythos griff später die griechische Philosophie in unterschiedlichen Varianten auf. Stets wird ein idealer Urzustand in eine ferne Vergangenheit projiziert. Die Gegenwart wird als Produkt eines längeren Verfallsprozesses gedeutet, auf den aber Regeneration folgen kann. Die meisten Lehren erweitern das mythische Modell um eine zyklische Komponente: Der im 5. Jh. v. Chr. lebende Vorsokratiker Empedokles meinte, die Menschheit habe anfänglich in Frieden, Liebe und Harmonie – *éros* – gelebt, bis *éris*, Streit, Einzug gehalten und der Eintracht ein Ende gesetzt habe. Wie später auch Platon und Aristoteles wähnte Empedokles die Menschheit seiner Zeit auf dem absteigenden Ast: *Éris* greife immer mehr um sich, bis einst, auf dem Höhepunkt ihrer Macht, die Umkehr zum *éros* einsetzen werde.

Man erkennt auf den ersten Blick, dass die Menschen der Antike die Entwicklungsperspektiven ihrer Welt elementar anders wahrnahmen als wir heute. Die Moderne ist tief geprägt vom Wachstums- und Fortschrittsaxiom des Industriezeitalters. «Unsere Kinder sollen es besser haben» ist seit Jahrhunderten das eigentliche Glaubensbekenntnis der industriellen Gesellschaft. Technologischer Fortschritt und ein stetig steigender Lebensstandard gelten – oder galten doch bis vor kurzem – als alternativlose Grundlagen der *conditio humana*. Tatsächlich wurzelt der Mythos vom ewigen, grenzenlosen Wachstum wohl noch tiefer: Seit den Anfängen von Landesausbau und intensiver Landwirtschaft in der mittelalterlichen Île-de-France ging es in Europa fast jeder Generation besser als der vorhergehenden. Unterbrochen nur von gelegentlichen Rezessionen, Seuchen und Kriegen, ist die Geschichte des Westens eine präzedenzlose Erfolgssaga, deren Fortsetzung für alle Zukunft wir selbstverständlich erwarten.

Freilich reagiert eine vom Fortschrittsgedanken beseelte Gesellschaft besonders empfindlich auf Ereignisse, die ihrem optimistischen Weltbild zuwiderlaufen. Sie empfindet selbst Stagnation und schon gar wirtschaftliche Rückschläge regelmäßig als Katastrophen. Der «Gründerkrach» 1873, die Depression ab 1929 und der doppelte Ölpreisschock, mit dem 1973 und 1979 das deutsche Wirtschaftswunder endete, lagerten sich im kollektiven Gedächtnis ganzer Generationen ab. Starr vor Schreck verfolgt eine verunsicherte Welt heute die sich überschlagenden Hiobsbotschaften, mit denen die Wirtschafts- und Finanzredaktionen die Öffentlichkeit buchstäblich im Sekundentakt bombardieren. Wir haben, nicht erst seit Euro- und Bankenkrise, ein fast schon pathologisches Krisenbewusstsein entwickelt, dessen Gradmesser Börsenkurse und Anleiherenditen sind.

Ein solches Krisenbewusstsein war der Antike fremd, weil es ihrem Weltbild widersprach. Wohl gab es das Gefühl, dass Dinge im Argen lagen, und gewiss gab es Ansätze, daran etwas zu ändern. Das wohl beste Beispiel für einen pragmatischen Ansatz, eine in wirtschaftliche Schieflage geratene Gesellschaft wieder aufzurichten, ist wohl Xenophons um 355/54 v. Chr. entstandene Schrift *Über die Staatseinkünfte*. Der Autor geht in dieser Schrift der Frage nach, wie die Stadt nach der Niederlage im Bundesgenossenkrieg (357–355 v. Chr.) und dem Verlust der maritimen Hegemonie dennoch ihren Wohlstand behaupten kann. Durch und durch pragmatisch analysiert er, wie die Ressourcen Athens und vor allem das Potential seiner Menschen effizienter nutzbar gemacht werden können. Xenophon argumentiert, Athen könne die Verluste mehr als wettmachen, wenn es den Handel stimuliere, die bisher als Metoiken diskriminierten ansässigen Nichtathener rechtlich besser stelle und Investitionen in die wirtschaftliche Infrastruktur tätige. Vor allem ruft er dazu auf, mehr öffentliches Geld in die Wirtschaft fließen und den Staat eine aktivere ökonomische Rolle spielen zu lassen.

Der Text mutet in seiner analytischen Geradlinigkeit geradezu modern an. Nüchtern lässt sich Xenophon von Nützlichkeitserwägungen leiten, um Athen einen Weg aus der Krise zu weisen. Freilich hatte die Wirtschafts- und Finanzkrise der Stadt einen konkreten politischen Auslöser: den verlorenen Bundesgenossenkrieg. Der Gedanke, verlorenes außenpolitisches Terrain durch die Mobilisierung von Ressourcen im Innern zu kompensieren, lag also nahe. Dennoch ist Xenophons Traktat *Über die Staatseinkünfte* in seiner Prägnanz und Komplexität ein Solitär in der antiken Literatur: Ökonomische Theorie, die es wohl gab, war sonst fast immer Betriebswirtschaftslehre, bezogen auf den *oíkos*, den Haushalt. Volkswirtschaftliches Denken hingegen war Mangelware, schon weil man für die großen gesellschaftlichen Notlagen, zu denen eben auch wirtschaftliche Probleme gehörten, in der Regel moralische Missstände verantwortlich machte.

Wenn wir von Krisen in der Antike sprechen, dann legen wir einen modernen, keinen antiken Maßstab an. Dabei kommt «Krise» von einem griechischen Wort: *krínein* bedeutet unter- oder entscheiden. Eine Krise ist also eine Entscheidungssituation, der Wendepunkt einer meist potentiell gefährlichen Entwicklung. Solche Krisen erlebten die Gesellschaften der alten Welt immer wieder, und meist waren wirtschaftliche Faktoren mit im Spiel. Die Ursachen waren ebenso vielfältig wie die Erscheinungsformen: Anpassungskrisen waren die sozialen Verwerfungen, die sich in der frühen Polis der griechischen Archaik um 600 v. Chr. (S. 52 ff.) und in der römischen Republik zu Beginn der Expansion außerhalb Italiens ab ca. 200 v. Chr. bemerkbar machten. Beide Male öffnete sich die soziale Schere, und immer größerer Reichtum konzentrierte sich in immer weniger Händen, während breite Massen in Armut absanken. Eine politische Krise, die sich zur Fiskal- und Legitimitätskrise des Prinzipats auswuchs und regional auch die Wirtschaft schwer in Mitleidenschaft zog, war die unruhige Periode, die das Imperium Romanum im 3. Jh. n. Chr. durchlitt, in der Zeit der sogenannten Soldatenkaiser. Zweimal wuchsen sich multifaktorielle Systemkrisen zu – gemessen an den geographischen Dimensionen der antiken Welt – globalen Katastrophenszenarien aus: am Ende der Bronzezeit (ca. 1200 v. Chr.) mit dem Zusammenbruch der großen Palastzentren von Mykene über Hatti bis Assyrien (S. 42 f.), und am Ende der klassischen Antike mit dem Zerfall des Weströmischen Reiches. Auch unter ökologischen Krisen litt bereits die Antike. Ab dem 5. Jh. v. Chr. versumpfte die zuvor fruchtbare Pontinische Ebene im südlichen Latium, nachdem Kahlschlag im umliegenden Hochland die Fähigkeit der Berge, Wasser zu absorbieren, drastisch vermindert hatte. Und in Mesopotamien hinterließen Jahrhunderte des Bewässerungsfeldbaus ihre Spuren in Gestalt fortschreitend versalzender Ackerfluren; bereits in der Frühdynastischen Zeit (ca. 2900–2340 v. Chr.) zwang Versalzung Teile der Landbevölkerung zur Flucht in die auch deshalb rapide wachsenden Städte.

Lösungsansätze begnügten sich bestenfalls mit dem Herumkurieren an Symptomen. In Athen setzte Solon Anfang des 6. Jh.s v. Chr. als *diallaktḗs* («Wieder-ins-Lot-Bringer») eine allgemeine Entschuldung (*seisachtheía*) durch, konnte aber die zunehmende Spaltung der Gesellschaft, die geradewegs in die Tyrannis des Peisistratos mündete, allenfalls verlangsamen. Ein zeitgenössisches, dem Theognis von Megara zugeschriebenes Lyrik-Corpus beklagt vor dem Hintergrund sozio-ökonomischen Wandels den Aufstieg neureicher Parvenüs und fordert wortreich die Rückkehr zu traditionellen aristokratischen Werten. Ähnlich prangert der Prophet Amos in Israel – zeitlich fast parallel – die Gewinnsucht vieler Zeitgenossen an, die ungezählte Glaubensbrüder in Abhängigkeit und Schuldknechtschaft gedrückt habe. Amos empfiehlt, wenig überraschend für einen Propheten, die Umkehr und Rückwendung zu Gott, der schließlich Israel aus der Knechtschaft in Ägypten befreit habe. Kaum besser war es um die Ursachenforschung am Tiber bestellt, wo den Kaisern, als im Imperium Romanum um 300 n.Chr. die Verbraucherpreise in die Höhe schossen, nichts Besseres einfiel, als per Dekret Höchstpreise zu diktieren (S. 84–86).

Noch abenteuerlicher muten Versuche an, eine aus den Fugen geratene Ordnung mit dem Beistand höherer Mächte wieder ins Lot zu bringen. 250 n. Chr. löste Kaiser Decius indirekt die erste Welle von Christenverfolgungen aus, indem er alle Untertanen per Edikt dazu zwang, ein Opfer darzubringen. Die Maßnahme richtete sich nicht gezielt gegen Christen, sondern war ein Versuch, die Götter wieder für die römische Sache einzunehmen. Hatte man sich nicht ihren Zorn zugezogen, weil Opfer unterblieben waren und Altäre verwaist dalagen? Hintergrund des Opfergebots war vor allem die akute militärische Bedrohung durch Germanen und Sasaniden, doch dürfte auch die chronische Fiskalkrise als Missstand wahrgenommen worden sein. Das Rezept von Decius und vielen seiner Nachfolger war unmissverständlich: Wenn man Rom aus den Wirren des 3. Jh.s zu neuer Größe führen wollte, musste man sich mit den Göttern gut stellen.

Auch die Gegenseite wähnte überirdische Mächte am Werk und rüstete rhetorisch auf. Cyprianus, Mitte des 3. Jh.s Bischof von Karthago, konstatierte in seiner Schrift *Ad Demetrianum* (3), die Bergwerke seien erschöpft, die Steinbrüche gäben nichts mehr her; Wirtschaft und Moral lägen darnieder: «Es fehlt der Bauer auf den Feldern, der Seemann auf den Meeren, der Soldat in den Kasernen, auf dem Forum die Ehrlichkeit, vor Gericht die Gerechtigkeit.» Freilich: Was sich liest wie das Szenario einer tiefen ökonomischen und sozialen Krise, entsprang in Wahrheit nur der Gewissheit, das Weltenende stünde unmittelbar bevor und mit ihm das Reich Gottes. Ähnlich deutete 150 Jahre später Augustinus die Plünderung Roms durch die Goten: Für ihn war das Fanal letztlich nur insofern bedeutsam, als sich im Niedergang des diesseitigen Rom die Ankunft der eigentlichen *civitas*, des Gottesstaates, ankündigte. Bei ihm wie bei Cyprian verband sich die pessimistische Verfallslehre traditionell-antiken Zuschnitts mit einer chiliastischen Heilserwartung, die Katastrophen in Vorboten der freudig erwarteten Apokalypse umdeutete.

Was aus heutiger Sicht bizarr erscheint, ergab in einer Welt, die sich von numinosen Mächten durchdrungen oder gar ihrem Ende nahe wähnte, durchaus Sinn. Wichtiger als Krisenfaktoren zu analysieren und ihnen pragmatisch zu begegnen, war es allemal, sich mit höheren Mächten gut zu stellen. Auch Diokletian beruft sich in der weitschweifigen Präambel zu seinem Höchstpreisedikt darauf, dass ihm von den Göttern der Auftrag gegeben worden sei, der Gerechtigkeit zum Durchbruch zu verhelfen. Ohnehin hatten die politisch Verantwortlichen in der Antike keine Wirtschaftsweisen um sich. Ökonomie als Wissenschaft, die mehr war als die Summe von Erfahrungen, gab es nicht.

Die wenigen Beispiele sollen helfen zu verstehen, wie sehr die mentalen Dispositionen, die das wirtschaftliche Handeln von Menschen im Alten Orient, in Griechenland und in Rom leiteten, von modernem Denken abweichen. Im Gegensatz dazu ist Ökonomie heute eine Wissenschaft, die mit theoretischen Modellen und Methoden mathematischer Quantifizierung arbeitet. Krisen lassen sich so zwar nicht zuverlässig voraussagen und erst recht nicht verhindern, wohl aber analysieren und im günstigen Fall abmildern. Paradox genug: Ähnlich wie die antiken Philosophen denken moderne Wirtschaftswissenschaftler in Zyklen. Volkswirtschaften erleben Phasen des Auf- und Abschwungs, dazwischen liegen Perioden des Booms und, immer wieder, Konjunkturtäler. Nur folgen die Konjunkturzyklen von Marktwirtschaften ungleich schnelleren Rhythmen als die «Zeitalter» eines Empedokles oder Aristoteles. Mit einer Unzahl von Variablen und Parametern lässt sich messen, wie gesund eine Volkswirtschaft aktuell ist und in welche Richtung sie steuert.

Und in der Antike? Nicht ein Bruchteil dieser Daten lässt sich für das klassische Athen oder das Rom der Kaiserzeit erheben. Nicht nur, weil der enorme zeitliche Abstand viele Informationen unauffindbar macht, sondern auch wegen des offenkundigen Desinteresses der meisten antiken Autoren an ökonomischen Zusammenhängen, die über die Hauswirtschaft hinausgehen. Zu fragen ist deshalb, wie weit man kommt, wenn man das methodische Inventar der modernen Volkswirtschaftslehre auf vormoderne Gesellschaften anwendet. Die Nationalökonomie der Gegenwart ist mehrheitlich auf die sogenannte neoklassische Theorie eingeschworen, in deren Zentrum der *homo oeconomicus* steht: der wirtschaftlich denkende und handelnde Mensch, der seine Entscheidungen ausschließlich zweckrational trifft, ganz auf Mehrung des eigenen Nutzens bedacht.

Kontroversen

Aber markiert nicht die Industrielle Revolution eine grundlegende Zäsur, die diesen *homo oeconomicus* erst geschaffen hat? Muss man nicht die Wirtschaft der Antike mit ganz anderen Maßstäben messen? Um diese Frage kreist seit gut 100 Jahren eine Debatte, die seither immer neue Pfade eingeschlagen hat, sich im Kern aber um das immer gleiche Problem der «Modernität» dreht. Erstmals war der in Leipzig lehrende Nationalökonom Karl Bücher (1847–1930) mit seinem aus mehreren Vorträgen hervorgegangenen Hauptwerk *Die Entstehung der Volkswirtschaft* 1893 an die Öffentlichkeit getreten. Darin bestritt er, den von Karl Rodbertus (1805–1875) geprägten Begriff der «Hauswirtschaft» aufgreifend, genau diese von vielen stillschweigend vorausgesetzte Modernität der antiken Wirtschaft. Der wesentliche Wirkungskreis der antiken Ökonomie sei der sich selbst genügende Haushalt gewesen, ihre Grundlage die agrarische Subsistenzwirtschaft, lehrte Bücher. Dagegen seien Handel, Gewerbe und die Orientierung an Märkten nur Randphänomene der hauswirtschaftlichen Ökonomie gewesen: «Es gibt keine volkswirtschaftliche Arbeitsteilung und darum keine Berufsstände, keine Unternehmungen und kein Kapital im Sinne eines nur dem Erwerb dienenden Gütervorrats.» Erst in Jahrhunderten, folgerte Bücher weiter, habe sich über die Zwischenstufe der mittelalterlichen Stadtwirtschaft die moderne Volkswirtschaft und damit ein konsequent an Märkten orientiertes Wirtschaftsleben entwickelt.

Gegen Büchers Stufenkonzept polemisierte wortgewaltig Eduard Meyer (1855–1930), der international renommierte Althistoriker und Ordinarius in Halle. Für Meyer war die antike Wirtschaft keineswegs so grundverschieden von der ökonomischen Praxis seiner eigenen Zeit. Nicht als primitive Hauswirtschaft wollte er die antike Ökonomie verstanden wissen, sondern als Ausdruck einer «ihrem Wesen nach durchaus modernen Kultur». Erst ihre «innere Zersetzung» ab dem 3. Jh. n. Chr. habe die Mittelmeerwelt in ihren primitiven Urzustand zurückgeführt. Meyers Überblick, der vom Alten Orient bis zur Spätantike reicht und die erste systematische Skizze der antiken Wirtschaft darstellt, schreckt deshalb auch vor begrifflichen Anleihen bei der Wirtschaftswissenschaft seiner Zeit nicht zurück: Stetig wächst das römische «Nationalvermögen», und die Schere zwischen «Großkapital» und «Proletariat» öffnet sich immer weiter.

Meyer und Bücher gelangten nicht nur zu gegensätzlichen Ergebnissen, auch ihre Prämissen und Methoden unterschieden sich von Grund auf. Anders als der Ökonom Bücher, der seine Gedanken vor allem deduktiv, in Form theoretischer Modelle, entwickelte, konnte Meyer als Fachmann aus einem reichen Quellenfundus schöpfen. Während Bücher von der konstruierten Abfolge der Stufen Hauswirtschaft – Stadtwirtschaft – Volkswirtschaft ausging, glaubte Meyer die Umrisse der antiken Ökonomie allein aus den Quellen heraus rekonstruieren zu können. Und gegen Bücher, der sich vor allem auf die Literatur und nicht zuletzt auf die griechische Philosophie mit ihrer durchweg konservativen Wirtschafsethik stützte, führte Meyer die vermeintlich unwiderlegbare Beweismacht der Realien ins Feld.

Natürlich hat die archäologische Forschung unser Wissen gerade um ökonomische Parameter in den letzten 100 Jahren enorm vergrößert. Und doch scheiden sich die Geister in der Forschung noch immer an denselben Fragen, haben sich Methoden und Problembewusstsein seit den Tagen von Bücher und Meyer im Grunde genommen nur wenig verändert. So führt eine Kontinuitätslinie von Meyers Quellenpositivismus bis zum *Roman Economy Project* der Universität Oxford, das seit 2005 «quantifizierbare Corpora materieller und textlicher Zeugnisse» zusammenträgt. Ähnlich hatte schon der russischstämmige, in Yale lehrende Althistoriker Michael Rostovtzeff (1870–1952) in seiner Sozial- und Wirtschaftsgeschichte der römischen (1926) und hellenistischen (1941) Welt große Mengen sehr unterschiedlichen – unter anderem papyrologischen, epigraphischen und archäologischen – Materials aus allen Teilen der antiken Welt gesammelt.

Gemeinsam ist allen diesen Ansätzen das Misstrauen gegenüber theoretischen Modellen. Der Schlüssel zum Verständnis antiker Ökonomien liege im Material, glauben die «Modernisten» und verweisen auf ihre Befunde, die zu untermauern scheinen, dass Menschen im Altertum unter dem Primat derselben ökonomischen Vernunft handelten wie wir heute. Sie verkennen, dass sich in Zirkelschlüssen verrennen kann, wer Begriffe der modernen Ökonomie ohne eingehende Auseinandersetzung mit den dahinter stehenden Konzepten und Theorien auf vormoderne Gesellschaften anwendet. Ein gutes Beispiel ist die Verwendung des Begriffs «Kapital» in seiner modernen, volkswirtschaftlichen Bedeutung als Gesamtheit aller Produktionsmittel. Legt man stillschweigend dieses Kapitalkonzept für die Antike zugrunde, ohne sich zu fragen, wie Zeitgenossen über ihr investiertes Vermögen dachten, wird man tatsächlich überall auf Kapital stoßen. Eine solche Herangehensweise läuft Gefahr, genau die Ergebnisse zu produzieren, die sie durch ihre eigenen impliziten Grundannahmen vorwegnimmt.

Gerade die wenigen Quellen aber, die Aufschluss geben könnten über konzeptionelles Wirtschaftsdenken in der Antike, werden von den Modernisten verworfen: als «Theorie», der die «Praxis» nicht entsprochen habe, wie schon Meyer behauptete. Stillschweigend gehen sie davon aus, die gegen das Gewinnstreben gerichtete Grundtendenz der griechisch-römischen Staatsphilosophie spiegele eine exklusive Minderheitenmeinung und sei als solche irrelevant für reale wirtschaftliche Abläufe. Ohne Frage sind Produktionskapazitäten, Betriebsgrößen, Technologien, Geldkreisläufe, Handelsvolumina allesamt wichtige Parameter, die helfen, Wirtschaftsprozesse zu *beschreiben* und, vielleicht, zu *erklären*, doch wird man eine Gesellschaft einschließlich ihrer wirtschaftlichen Aktivitäten nur *verstehen*, wenn man sich auf ihr eigenes konzeptionelles Denken einlässt.

Hier setzt die zweite, direkt in Max Webers Tradition einer verstehenden Sozialwissenschaft stehende Schule an: die «Primitivisten», deren Hauptvertreter der austro-amerikanische Wirtschaftsanthropologe Karl Polanyi (1886–1964) und der amerikanische Althistoriker Moses Finley (1912–1986) sind. Polanyi hat immer wieder betont, die Wirtschaft sei, wenn überhaupt, dann nur in modernen Gesellschaften ein autonomes soziales «Subsystem». Es gebe deshalb zwei Bedeutungsdimensionen des Begriffs «wirtschaftlich»: Ökonomisch kann Handeln sein, das darauf abzielt, mit knappen Ressourcen rational zu haushalten; Polanyi nennt dies die «formale» Bedeutung von «wirtschaftlich». Der Begriff kann sich aber auch ganz allgemein auf die «materielle Bedürfnisbefriedigung» des Menschen beziehen und meint dann die Versorgung mit Gütern – Polanyi spricht hier von einer «substantiellen» Bedeutung. Primitivisten wie Polanyi erkennen an, dass es noch andere das wirtschaftliche Verhalten von Individuen steuernde Kräfte gibt als materielle Gewinnmaximierung.

Selbst hier und heute regiert ja nicht ausschließlich die formale Ratio der Ökonomie, nicht nur der Markt; doch sind «Rechenhaftigkeit», wie Max Weber es genannt hat, und die Unterordnung aller Lebensbereiche unter den Primat der Wirtschaftlichkeit wesentliche Merkmale moderner Wirtschaftspraxis, die erst seit dem Spätmittelalter allmählich, verstärkt seit der Industriellen Revolution das ökonomische Handeln von Menschen zu dominieren begannen. Das schließt nicht aus, dass auch Akteure in Antike oder Mittelalter sich wirtschaftlich rational verhielten, doch seien vormoderne Ökonomien stärker als heutige «eingebettet» (*embedded*) gewesen in zahllose nichtwirtschaftliche Institutionen, behauptet Polanyi: das gesamte Regelwerk sozialer Normen und Praktiken, das menschliches Handeln – und eben auch ökonomisches Gebaren – bestimmt.

Polanyi hat ohne Frage insofern Recht, als Wirtschaft nicht im luftleeren Raum existiert, sondern bezogen ist auf andere Felder menschlichen Handelns und auf Institutionen, die diesem Handeln einen Rahmen vorgeben. Seine Kategorie des Eingebettetseins ist aber zu starr, weil dieser Satz eben nicht nur auf vormoderne Gesellschaften zutrifft. Ihr Rigorismus macht Polanyi und die Primitivisten blind für wirtschaftliche Entscheidungen antiker Akteure, die sich ihrem Schema entziehen: Wie zu sehen sein wird, kannte das Altertum sehr wohl Märkte, und es gab sogar ganze Gesellschaften, die ihre Existenz durch Markttransaktionen bestritten, wie die Phönizier (S. 43–53).

Einen Ausweg aus dem Dilemma weist die von Historikern

und auch Altertumswissenschaftlern inzwischen breit rezipierte Neue Institutionenökonomik des Wirtschaftsnobelpreisträgers Douglass North. North erkennt das Axiom der neoklassischen Theorie, dass Menschen, vor die Wahl gestellt, rationale Entscheidungen treffen, durchaus an. Er bricht aber mit der reinen Lehre insofern, als er als zweiten Faktor die von den Neoklassikern geflissentlich ignorierte institutionelle Umwelt des Menschen einführt: «Institutionen», schreibt North, «geben den äußeren Rahmen ab, in dem Menschen tätig werden und aufeinander einwirken.» In den Institutionen, nicht so sehr in den scheinbar für sich allein aussagekräftigen Daten und Fakten, sucht deshalb auch diese Wirtschaftsgeschichte der Antike nach Wegen zum Verständnis.

Lange Antike – kurze Antike

Antike – das ist für die meisten Menschen noch immer Griechenland plus Rom, oder genauer: die Gesamtheit der durch griechische und lateinische Quellen zu erschließenden Geschichte. Sie fängt um 700 v. Chr. mit der archaischen Periode in Griechenland an und endet wahlweise im 5., 6. oder 7. Jh. n. Chr.: mit dem Fall Westroms (476 n. Chr.), dem Tod Justinians (565 n. Chr.) oder dem Beginn der islamischen Expansion nach dem Tod Mohammeds (632 n. Chr.). Es liegt auf der Hand, dass für eine Wirtschaftsgeschichte diese Epocheneinteilung wenig sinnvoll ist. Erstens ist ein Großteil der Quellen nicht literarischer, sondern materieller Art, und zweitens greifen die Prozesse, die das Wirtschaftsleben im, sagen wir, 2. Jh. n. Chr., als die Integration der Mittelmeerwelt unter dem römischen Adler ihren Höhepunkt erreichte, chronologisch wie geographisch weit über den Ausschnitt aus dem historischen Kontinuum hinaus, den der Begriff «klassische Antike» bezeichnet.

Benötigt wird also für dieses Buch ein anderer Antikenbegriff. Äußerer Rahmen der Erzählung ist der immens lange Zeitraum von den ersten Anfängen der Sesshaftwerdung vor knapp 11 000 Jahren in Vorderasien bis zum Ende Westroms im

5. Jh. n. Chr.: die «lange Antike». Sie schließt damit das Neolithikum, den Alten Orient der Bronze- und Eisenzeit einschließlich Ägyptens und die phönizisch-punische Mittelmeerzivilisation ebenso selbstverständlich ein wie die klassischen Zivilisationszentren Griechenland und Rom. Geprägt war die lange Antike über Tausende von Jahren zunächst von segmentären dörflichen Gesellschaften, aus denen sich in Vorderasien allmählich Städte und daraus Imperien entwickelten, die ein regionales System bildeten. Ökonomisch war ein zweites regionales System, der Mittelmeerraum, zwar bereits in der Bronzezeit, verstärkt ab der Eisenzeit lose, an Vorderasien angebunden, doch blieb dieses System politisch zunächst fragmentiert.

Einen Zeitenwechsel leitete der Alexanderzug nach Vorderasien ein, der beide Systeme politisch, wirtschaftlich, aber auch kulturell und für den geographischen Erfahrungshorizont ihrer Bewohner eng miteinander verklammerte. Die Fragmentierung hoben zunächst partiell die hellenistischen Territorialmonarchien im Osten, Karthago im Westen und schließlich Rom vollständig auf, das den gesamten Mittelmeerraum einschließlich des westlichen Vorderasien und Westeuropas unter seiner Herrschaft vereinte und in einen dichten Interaktionsraum verwandelte. Weniger dicht, dafür aber größer, war ein zweiter Interaktionsraum, der das erweiterte Mittelmeer, Nordostafrika, die Arabische Halbinsel, Iran, Zentralasien und Indien einschloss. Bezogen auf die bekannte Welt – die Zeitgenossen sprachen von «Oikumene» – bildete die Zeit von ca. 300 v. bis 300 n. Chr. den Rahmen für einen Prozess, der sich mit der Globalisierung der Moderne vergleichen lässt. Dieses Zeitfenster soll im Folgenden «kurze Antike» genannt werden.

Dieses Buch kann auf rund 120 Seiten keinen enzyklopädischen Überblick über die antike Wirtschaftsgeschichte bieten. Dafür sei auf die Fachliteratur in der Bibliographie verwiesen. Stattdessen möchte es in sieben kurzen Essays in ausgewählte Aspekte des Wirtschaftslebens im Altertum einführen. Der Blick ist zunächst auf die lange Antike gerichtet: Im Zeitraffer und in der Weitwinkelperspektive soll erklärt werden, wie eine Folge von «Revolutionen» allmählich die Voraussetzungen für Städte und Imperien – die großen, in der Antike wirksamen kollektiven Akteure – schuf (Kapitel II). Die Geschichte findet ihre Fortsetzung in der fortschreitenden «Vernetzung», die allmählich in die Oikumene der kurzen Antike mündete (Kapitel III). Zu den «Helden» dieser Erzählung gehören, neben und chronologisch vor den Griechen, die Phönizier, die mit ihrem Fernhandel lokale Handelsnetze miteinander verknüpften und so überhaupt erst die Voraussetzungen für die Oikumene schufen.

Der Rahmen für alle folgenden Kapitel ist dann nicht mehr die lange, sondern hauptsächlich die kurze Antike: «Arbeit» bildete in einer kaum technisierten Welt noch mehr als heute die Voraussetzung dafür, dass der Natur durch Landwirtschaft, Gewerbe und die Erschließung natürlicher Ressourcen eine Existenzgrundlage abgerungen werden konnte (Kapitel IV). «Institutionen», die nach North den Rahmen abgeben für jede Entscheidung, die Menschen treffen, sind der Staat, seine Gesetze, aber auch Haushalt und Ehe, Werte und natürlich Märkte (Kapitel V). Neben Arbeit und Institutionen entscheidet der Faktor «Kapital» über die Leistungsfähigkeit von Wirtschaftssystemen; nimmt man jedoch das rationale Entscheidungsverhalten von Menschen ernst, so muss man auch nach der Bedeutung immaterieller Kapitalsorten – Bildung, Einfluss, Ehre – fragen, die zu allen Zeiten ebenfalls hoch im Kurs standen, vielleicht aber besonders in der Antike (Kapitel VI). Der «Schluss» (Kapitel VII) stellt noch einmal neu die Frage nach der anthropologischen Gleich- oder Andersartigkeit antiker Wirtschaftswelten – und nach dem Sinn und Zweck des Geldverdienens.

Zwischen den Achsen, entlang derer sich dieses Buch auf seiner Entdeckungsreise fortbewegt, bleibt viel Raum für Probleme, die hier ungeklärt bleiben müssen. Die antike Sklaverei, die für Marx das Gesicht der ganzen Epoche prägte, kommt gemessen an ihrer Bedeutung viel zu kurz; dasselbe gilt für Faktoren wie Familie, Ehe und Geschlecht; eine angemessen ausführliche Erörterung der antiken Wirtschaftsethik, wie sie vor allem in der Philosophie Konturen gewinnt, könnte leicht allein einen Beck-Wissen-Band füllen; und die Behandlung des Alten Orients, besonders Ägyptens, wird manchem Aficionado allzu kursorisch erscheinen. Freilich steht für alle genannten Themen inzwischen regalweise Spezialliteratur zur Verfügung, zu der das recht ausführliche Literaturverzeichnis im Anhang ein Wegweiser sein möchte.

II. Revolutionen

Mit Revolutionen verbindet man eruptive Ereignisse von kurzer Dauer. Manche Revolutionen hingegen spielen sich in Zeitlupe ab, sind deshalb aber nicht weniger wirkungsmächtig. Die sogenannte Neolithisierung setzte im Fruchtbaren Halbmond um 9000 v. Chr. ein, als sich am Ende der letzten Eiszeit das weltweite Klima deutlich erwärmte, und dauert in manchen Erdteilen, zum Beispiel in Amazonien, bis heute an. Von der Kultivierung primitiver Getreidesorten bis zur Entdeckung der Eisentechnologie war es nicht nur nach Jahrtausenden gemessen ein weiter Weg. Ohne epochale technologische Neuerungen jenseits von Metallurgie und Landwirtschaft – Keramik, Schrift, Navigation und Schiffbau, um nur einige zu nennen – wären das alte Griechenland und Rom, aber auch Ägypten, Mesopotamien und die übrigen antiken Zivilisationszentren – von Persien über Indien, China bis nach Altamerika – nicht vorstellbar gewesen.

Neolithisierung

Auch unsere Geschichte fängt deshalb mit einer Revolution an, der von dem australischen Archäologen Vere Gordon Childe (1892–1957) mit Fug und Recht so bezeichneten, sich allerdings in mehreren Etappen vollziehenden «neolithischen Revolution». Für Childe war allenfalls die industrielle Revolution im Europa des 18. und 19. Jh.s ihren Auswirkungen nach mit dem Siegeszug agrarischer Sesshaftigkeit vergleichbar, der sich um 9000 v. Chr. in Vorderasien ankündigte. Wie überall fristeten auch hier Menschen durch Jagen, Fischfang und das Sammeln von Früchten und Pflanzen ihr Dasein – auf die gleiche Art also, auf die sich die Gattung Homo sapiens seit ihrer Entstehung vor vielleicht 160 000 Jahren ernährt hatte. Mit der Klimaerwärmung, die am Übergang zum Holozän auch den Vorderen Orient erfasste, werden urplötzlich in den Gebirgen des westlichen Asien Spuren, wenn nicht dauernder, so doch anhaltender Besiedlung im archäologischen Befund greifbar: Lagerplätze, an denen sich Menschen mehr als nur sporadisch aufhielten, weil hier das Nahrungsangebot groß genug war, um sie mehrere Monate im Jahr zu ernähren. Solche Lagerplätze befanden sich durchweg im Einzugsbereich unterschiedlicher ökologischer Räume: Weil von hier aus ganz verschiedene Nahrungsquellen, die zu unterschiedlichen Jahreszeiten Ertrag versprachen, zugänglich waren, waren Menschen hier am ehesten bereit, das Risiko der Sesshaftigkeit einzugehen. Während sie einen Teil ihrer Nahrung bereits selbst anbauten, konnten sie ihren Speisezettel bei Bedarf stets durch Jagen und Sammeln aufbessern.

Für die Phase der frühesten Sesshaftigkeit (sogenanntes Präkeramisches Neolithikum A, PPNA) gibt es nur wenige archäologische Befunde: Beispiele sind das jordanische Bēḍā südöstlich des Toten Meeres und das anatolische Çayönü beim heutigen Diyarbakır. Beide Siedlungen lagen im Herzen ökologisch stark gegliederter Räume, die leichten Zugang zu diversen Ressourcen boten. In Bēḍā waren die Gebäude aus flachen Steinen errichtet; die meisten waren gleich groß, nur ein Haus ragte wegen seiner Größe heraus. In Çayönü hebt sich die Haltung von Nutztieren deutlich im archäologischen Befund ab.

Dass die Bewohner frühneolithischer Siedlungen zu erheblichen Investitionen bereit waren, um ihre Ernährungsgrundlage zu verbessern, illustriert der Befund aus Mureybit am Euphrat, im heutigen Syrien. Hier entwickelte sich ein vorneolithischer Lagerplatz im Einzugsbereich zweier ökologischer Räume (Wüstensteppe und Steppe) und entsprechend diversifizierter Ressourcen zu einer permanent genutzten Siedlung, deren Bewohner zunächst weiter vom Jagen, Fischen und Sammeln lebten. Am Übergang zur Periode B des Präkeramischen Neolithikums (PPNB, ab ca. 7500 v. Chr.) trat dann plötzlich das Sammeln von Pflanzen und Früchten in den Hintergrund, Getreide wurde zum Rückgrat der Ernährung. Da im näheren Umfeld von Mureybit keine Wildgetreide heimisch waren, ist davon auszugehen, dass die Bewohner Samen der ca. 100 km weiter nördlich wachsenden Wildformen in ihre Heimat brachten und dort aussäten.

Reiches Fundmaterial für das PPNB und das Keramische Neolithikum (PN, ab ca. 5500 v. Chr.) birgt das iranische Zagrosgebirge. Auch die dortigen Siedlungen liegen stets an den Kreuzungspunkten ökologischer Zonen. Die an dem Fundplatz Qal'e Rostam gefundenen Steinwerkzeuge dokumentieren die landwirtschaftliche Tätigkeit der Bewohner und hatten in ähnlicher Form auch schon im Präkeramischen Neolithikum Verwendung gefunden: Reibemühlen, Mörser, Stößel, diverse Klingen – all das diente zum Zerkleinern und Verarbeiten von Nahrung und dokumentiert häusliche, sesshafte Arbeit.

Die aufkommende Keramik gibt Archäologen noch einen weiteren Fingerzeig: Offenbar entwickelten sich die genannten Siedlungen im Zagros, trotz ihrer räumlichen Nähe, in Isolation voneinander – so unterschiedlich war der Stil der gefertigten Waren. Anscheinend erfasste den Vorderen Orient ab 10 000 v. Chr. nicht eine große «neolithische Revolution», sondern vielmehr eine Serie von kleinen, lokalen Durchbrüchen. Betrachtet man die Siedlungen im Zagrosgebirge, so gibt es keinerlei Hinweise, dass es überhaupt so etwas wie großflächigen Austausch oder gar ein hierarchisches Siedlungssystem gab. Auch das Land scheint man sich noch nicht streitig gemacht zu haben. Krieg stand, soweit erkennbar, im Keramischen Neolithikum nicht auf der Tagesordnung.

Dafür trieben die sesshaft Gewordenen andere Probleme um: Sie mussten den Ertrag ihrer Pflanzen erhöhen, um von dem leben zu können, was ihre Felder abwarfen. Das ging nur durch mühsames Verändern der Wildformen – in der Praxis war das ein unendlich langer Prozess des Auswählens von Mutationen, durch den allmählich unsere Getreidearten entstanden. Außerdem musste Nahrung eingelagert und für den Verzehr außerhalb der Erntesaison haltbar gemacht werden. Für diesen Zweck und zur Zubereitung von Speisen erwies sich Keramik als unverzichtbarer Werkstoff: Vorratsgefäße, die oft in den Boden der Behausungen eingelassen wurden, künden vom Bestreben der frühen Bauern, Vorsorge für knappere Zeiten zu treffen.

Eine Präventivmaßnahme gegen Hunger war auch die Viehzucht, die gleichzeitig mit der Kultivation von Getreide einsetzte. Wieder entstanden durch Züchtung neue Rassen, die höhere Erträge einbrachten. Eine weitere Effizienzsteigerung versprach saisonaler Weidewechsel: Hirten trieben ihre Tiere im Frühjahr in die niederschlagsreicheren Bergregionen, wo noch genug Vegetation vorhanden war, um die Herde über die Trockenzeit zu bringen; im Herbst traten sie den Rückzug in die dann fruchtbare Ebene an. So entstand allmählich eine spezifische Variante des Nomadismus, der mit sesshaftem Ackerbau ein symbiotisches Verhältnis einging: saisonaler Weidewechsel, sogenannte Transhumanz. Transhumanz-Viehzüchter, die innerhalb begrenzter Räume operieren und nicht mit modernen Beduinen zu verwechseln sind, sind seither als Faktor aus der politischen und wirtschaftlichen Geographie des Vorderen Orients nicht mehr wegzudenken.

Urbanisierung

Wo immer Jäger und Sammler zu sesshaften Ackerbauern wurden, schnellten alsbald die Bevölkerungszahlen empor. Ertragreichere Getreidesorten und bessere Vorratshaltung trugen das Ihre dazu bei, dass die Bevölkerungsdichte in Vorderasien zwischen dem 10. und dem 8. Jt. v. Chr. signifikant zunahm. Doch nicht nur die Siedlungsdichte nahm zu, auch die Siedlungsgröße erreichte bald ein beachtliches Niveau. Am besten dokumentiert sind die Großsiedlungen von Jericho in Palästina, von Çatal Höyük im südlichen Zentralanatolien und von Umm Dabağiya im Nordirak. In Çatal Höyük erforschten britische Archäologen in den 1960er Jahren und ein britisch-amerikanisches Team seit 1995 ein dicht bebautes Areal von 440 m², das von ca. 7400 bis 6200 v. Chr. in mehreren Siedlungsphasen in Benutzung war. Da die einzelnen Hauseinheiten, die in gänzlicher Ermangelung von Wegen und Straßen nur vom Dach aus zugänglich waren, alle ähnlich groß waren, drängt sich der Verdacht auf, dass die Gesellschaft vertikal kaum differenziert war. Die Menschen von Çatal Höyük lebten von frühen Getreidesorten wie Emmer, Einkorn und Nacktgerste, außerdem von Hülsenfrüchten und Viehzucht. Schätzungen zufolge beherbergte Çatal Höyük immerhin eine Bevölkerung von 2500 Personen, war also eine stattliche Siedlung.

Das Leben in einer solchen Siedlung bot unvergleichlich viel mehr Komfort als das Jagen und Sammeln und selbst noch die frühneolithischen Lagerplätze. Der relative Wohlstand schlug sich nicht zuletzt in einer durchaus differenzierten materiellen Kultur nieder, deren frappierendster Ausdruck eine große Zahl von männlichen und weiblichen Figurinen aus Stein und Ton ist. Dennoch barg die große Bevölkerungsdichte für die Bewohner auch ganz neue Risiken: Ansteckende Krankheiten konnten sich ungehemmt ausbreiten und rafften viele Einwohner in noch jugendlichem Alter dahin; eine Großsiedlung war Wechselfällen wie Missernten schutzloser preisgegeben als die verstreute Bevölkerung im Frühneolithikum; und vor allem war der konzentrierte Wohlstand dazu angetan, Begehrlichkeiten bei missgünstigen Nachbarn zu wecken.

Dass wohlhabende Ortschaften gut beraten waren, sich gegen feindliche Übergriffe, möglicherweise aber auch gegen Naturgewalten zu schützen, dokumentiert die aus dem 10. Jt. v. Chr. herrührende Siedlung vom Tell es-Sultan bei Jericho, die sich um 8050 v. Chr. mit einer Natursteinmauer umgab, die 3,60 m hoch war und an ihrer Basis eine Stärke von 1,80 m aufwies. Zu Verstärkung der Mauer diente ein über 3,60 m hoher Turm mit einem Treppenhaus im Innern. In Tell es-Sultan mögen mehrere Hundert Menschen gelebt haben, die in die Errichtung dieser Anlage erhebliche Ressourcen investierten.

Landwirtschaft, Viehzucht, Keramik und Großsiedlungen waren nicht die einzigen Neuerungen, die das Neolithikum dem Vorderen Orient bescherte. Erstmals hat auch die großräumige Mobilität von Gütern Spuren im archäologischen Befund hinterlassen: Abzulesen ist deren rasante Zunahme über die gesamte Jungsteinzeit an der Verteilung von Artefakten aus Obsidian, einem vulkanischen Gesteinsglas, dessen Vorkommen im Bergland des Taurus in Kappadokien und Ostanatolien (im Raum des heutigen Bingöl) liegen. Bereits im späten Pleistozän fand Obsidian, aus dem sich Werkzeuge und später auch ganze Gefäße herstellen ließen, seinen Weg von Anatolien bis in den Raum des heutigen Libanon. Mit Anbruch des Neolithikums nahmen sowohl die Intensität des Austauschs wie auch das Verbreitungsgebiet des Obsidians signifikant zu, bis schließlich, gegen 6500 v. Chr., ein feinmaschiges Netz von Transportrouten das gesamte südöstliche Anatolien, den Zagros-Raum bis in den Iran und die Levante bis zum Toten Meer überzog. Auch nach Zypern gelangte Obsidian aus dem Taurus.

Über die Organisation des Obsidian-Fernhandels verraten archäologische Befunde ebenso wenig wie über die Motive der Akteure. Die rapide anwachsende Zirkulation dieses raren Werkstoffs fügt sich aber passgenau ein in die Bedürfnisse einer im Zuge der Neolithisierung komplexer werdenden Gesellschaft: Die Menschen hatten sich zunächst durch Auswahl günstiger Lagerplätze dem Zwang zum mobilen Leben entzogen. Durch die Kostenersparnis war die Bevölkerung enorm angewachsen, doch drohten bald die Ressourcen zu versiegen, was die Jäger und Sammler dazu veranlasste, ihre Nahrung durch Anbau selbst zu produzieren. Größere Siedlungen und neue technologische Durchbrüche wie die Keramikherstellung schufen die Voraussetzung dafür, dass sich die neolithische Gesellschaft allmählich funktional, aber auch vertikal differenzierte. Kaum war die Idee von Privateigentum in der Welt, da kam auch schon das Bedürfnis der Wohlhabenden auf, sich sichtbar von den anderen abzusetzen. Prestigegüter, deren Besitz nicht jedem vergönnt war, schufen genau diese Sichtbarkeit und waren deshalb so begehrt. Vom dunklen, exotischen Glanz des Obsidians und der aus ihm hergestellten Artefakte strahlte auch etwas auf die Besitzer ab.

Um 5500 v. Chr. zeichnen sich in Vorderasien zum ersten Mal die Konturen größerer archäologischer «Kulturen» ab, die überlokal durch ein gemeinsames Inventar an Keramik- und

Hausformen auffallen. In Syrien entstanden mit der Halaf-Kultur, in Nordmesopotamien mit der Samarra- und der Hassuna-Kultur und im Iran in der sogenannten Spätsusiana-Zeit hierarchische, mehrstufige Siedlungssysteme, in denen bestimmte Großsiedlungen offenbar Funktionen zentraler Orte wahrnahmen und vielleicht auch kleinere Siedlungen dominierten. Echte Städte waren jedoch selbst diese Zentralorte noch nicht. Zur Stadt wird eine Siedlung nicht durch Größe allein; dazu machen sie vor allem die «Funktionsüberschüsse», die sie gegenüber ihrem Umland wahrnimmt: politisch-administrativ, wirtschaftlich, militärisch, religiös. Stadtbewohner haben der Landwirtschaft den Rücken gekehrt und sich anderen Erwerbsfeldern zugewandt. Die Voraussetzungen dafür bestanden in den Siedlungen des ausgehenden Neolithikums noch nicht, auch wenn es erste Ansätze etwa zur Differenzierung zwischen privatem und öffentlichem Raum gab: Produktionseinheiten waren und blieben (wie etwa im Griechenland der Dark Ages) zunächst die einzelnen, nach verwandtschaftlichen Kriterien organisierten Haushalte, die so gut wie alle Gegenstände des Eigenbedarfs selbst herstellten.

Der Wandel kündigt sich scheinbar unspektakulär in der Obed-Zeit, um 5000 v. Chr., mit der Verbreitung eines neuen Keramik-Typus über weite Teile Vorderasiens an: Es handelt sich um Gefäße, die mit umlaufenden Linien, Girlanden und Bändern verziert waren – und deren Ausbreitung sich der Töpferscheibe verdankte, einer Innovation, die das Töpferhandwerk schlagartig zur Domäne von Spezialisten werden ließ. Die Obed-Zeit trägt ihren Namen nach einem Fundort in Babylonien, und tatsächlich war es das südliche Mesopotamien, wo sich in den folgenden 2000 Jahren umwälzende Veränderungen anbahnten. Südmesopotamien unterschied sich von den Regionen weiter nördlich dadurch, dass hier nicht genug Niederschläge fielen, um Regenfeldbau zu betreiben. Zum Ausgleich stand in der sehr feuchten Periode, die auf die letzte Eiszeit folgte, genug Wasser zur Verfügung, das aus Flüssen und Seen durch einfachste Bewässerungsmaßnahmen auf die Felder geleitet werden konnte. In Kombination mit den immens fruchtbaren Böden Mesopotamiens sorgte die Bewässerung für hohe Erträge auf kleinen Flächen, ohne dass sich die Bauern übermäßig anstrengen mussten.

Gegen Mitte des 4. Jt. v. Chr. wurde das Klima merklich trockener: Sumpfland und stehende Gewässer trockneten aus, Flüsse versiegten. Damit stand bedeutend mehr Siedlungsfläche zur Verfügung als zuvor; die Bevölkerung nahm signifikant zu, auch durch Einwanderung. Die fortschreitende Austrocknung der Felder, die ja nicht nur Segen war, sondern auch Fluch, machte die zuvor problemlos zu bewerkstelligende Bewässerung zur Aufgabe, die sich nur gemeinsam bewältigen ließ.

In der Uruk-Zeit (ca. 4000–3100 v. Chr.) sowie in den nachfolgenden Perioden der Ğemdet-Nasr- und der beginnenden Frühdynastischen Zeit (bis ca. 2800 v. Chr.) stieß der ökologische Druck den umfassendsten Wandel seit der Neolithisierung an: eine zweite «Revolution», in der sich nicht nur die erste urbane Gesellschaft der Weltgeschichte formierte, sondern der auch Schriftlichkeit, Bronzemetallurgie und Herrschaft ihre Existenz verdankten – und damit die zentralen Innovationen, mit denen die Menschheit die Steinzeit überwand. Wieder war die «Revolution» tatsächlich natürlich ein Prozess der langen Dauer, doch bündelten sich Durchbrüche in so vielen Sektoren zu einer Konjunktur, dass wie schon zu Beginn des Neolithikums die Menschheit ein weiteres Mal zu einem großen, irreversiblen Sprung nach vorn ansetzte.

Am Ende der Uruk-Zeit um 3100 v. Chr. stand die namensgebende Stadt in Babylonien an der Spitze eines Siedlungssystems, das nicht nur ganz Südmesopotamien umfasste, sondern mit seiner unverwechselbaren materiellen Kultur auf ganz Vorderasien einschließlich der Levante ausstrahlte. In Babylonien selbst waren viele kleine Streusiedlungen wenigen, jetzt bedeutend größeren Orten gewichen, von denen die größeren das Prädikat «Stadt» verdienen: in vorderster Front unbestritten Uruk, dessen ummauertes Stadtgebiet in der Frühdynastischen Zeit eine Fläche von sage und schreibe 5,5 km^2 umfasste.

Große Institutionen

Darüber, wie viele Menschen in diesen Mauern gewohnt haben, lässt sich trefflich spekulieren – auch nur näherungsweise genaue demographische Daten lassen sich dem Boden nicht entreißen. Doch sind es ohne Frage mehr gewesen als in allen bisher untersuchten älteren Siedlungen. Unterhalten werden konnten diese Menschen, von denen viele nicht mehr als Bauern ihre Felder bestellten, nur, weil die innovationsfreudige Uruk-Zeit mit dem Staat eine weitere Neuerung hervorbrachte, die bis heute Gesellschaften zusammenhält. Eigentlich ist der Begriff «Staat» ein Anachronismus: Die Institutionen, die wohl noch im späten 4. Jt. v. Chr. die Kontrolle über die Städte Mesopotamiens erlangten, waren «private» Haushalte. An ihrer Spitze konnten Gottheiten stehen oder auch Menschen. Entscheidend war, dass sie die Macht hatten, in großem Umfang Menschen für Gemeinschaftsarbeiten zwangszuverpflichten. So entstanden Monumentalbauten wie die um 3000 v. Chr. aufgeführte Terrasse im Kultbezirk von Eanna, dem zentralen Heiligtum von Uruk; vor allem aber verdankten die großräumigen Be- und Entwässerungssysteme, mit denen man jetzt das südliche Zweistromland überzog, dieser Organisation ihre Existenz. Ohne die großen Institutionen, die planerisch tätig wurden und Arbeitskräfte gezielt dort einsetzen konnten, wo sie gebraucht wurden, wären die Kanäle und Drainagesysteme, die Babyloniens Städte am Leben erhielten, nie gebaut worden.

Großhaushalte waren bald allgegenwärtig: Im Zweistromland der Frühdynastischen Zeit (ca. 2900–2340 v. Chr.) war das flache Land mit Gehöften übersät, die von Familienverbänden bewirtschaftet wurden. Das Sumerische bezeichnete einen solchen Haushalt als *é* («Haus»), das akkadische Äquivalent lautet *bîtum*. In den Städten gab es Großhaushalte, entweder im Besitz von Göttern («Tempel», sumerisch *é*, gefolgt vom Namen des Gottes) oder örtlichen *big men* («Palast», sumerisch *é-gal* = großes Haus). Diese großen Institutionen, von denen jede Stadt mehrere besaß, waren mächtig genug, um einen Großteil der auf dem Land produzierten Überschüsse einzusammeln und unter abhängigen «Spezialisten» – Schreibern, Priestern, Handwerkern, Kriegern, Arbeitern – zu verteilen. In der Praxis lief die Rolle von «Tempeln» und «Palästen» darauf hinaus, Stadt und Land per Redistribution wirtschaftlich miteinander zu verklammern.

Die großen Institutionen wurden so zur Keimzelle dessen, was man einen «Staat» nennen könnte: Das größte «Haus» des größten Mannes, des Königs, wurde seit der Akkad-Zeit (ab ca. 2340 v. Chr.) zum Ausgangspunkt von Reichsbildungen, in immer wieder neuen Anläufen bis hin zum Neubabylonischen Reich der Chaldäer (626–539 v. Chr.).

In der Forschung haben sich Begriffe wie «Tempel» (wenn der Vorstand eine Gottheit war) oder «Palast» (wenn an der Spitze eine Person aus Fleisch und Blut stand) für die Großhaushalte eingebürgert; für die Zeitgenossen waren sie schlicht «große Häuser», die über genügend Autorität verfügten, nicht nur Arbeitskräfte zu mobilisieren, sondern auch die von Bauern erwirtschafteten Überschüsse einzusammeln und unter der agrarisch nicht produktiven Bevölkerung zu verteilen (zu «redistributieren»). Erst das System der Redistribution ermöglichte es, dass – in der Regel in der Stadt ansässige – Spezialisten anderen Verrichtungen als der Landwirtschaft nachgingen und Priester, Schreiber, Soldaten oder Handwerker sein konnten. Die Wende hin zu großen redistributiven Institutionen brach zugleich die Macht der Clans und Sippen, die mit ihren weitgehend autarken Haushalten zuvor die ökonomische Landschaft geprägt hatten.

Den Aufstieg der großen Institutionen ermöglichte die Autorität ihrer – göttlichen oder menschlichen – Vorstände. Wenn ein «Tempel» Abgaben eintrieb und Arbeitskräfte aushob, dann geschah das auf Veranlassung der Gottheit; wenn ein *ensi* und *lugal* als Herr eines «Palastes» dasselbe tat, so handelte auch er selbstverständlich im Auftrag eines Gottes. Selbst ein ökonomisches «Reformprogramm», wie das des Königs Urukagina von Lagasch, der angetreten war, die auf seinen Untertanen liegende Last zu verringern, wurde im Namen des Stadtgottes Ningirsu verkündet, als dessen Agent der König auftrat. In einer Ordnung, in der buchstäblich nichts ohne das Walten der Götter geschah, tendierten die Durchsetzungskosten von Autorität gegen null, solange sich die Herren offensichtlich höherer Gunst erfreuten.

Darüber hinaus beruhte Autorität entscheidend auf fachlichem (technologischem, planerischem) und symbolischem (religiösem) Wissen. Das Medium zu Weitergabe und Speicherung von Wissen schlechthin war die Schrift – die als «Keilschrift» auf dann zu archivierende Tontafeln geritzt wurde. Vor allem ermöglichte es die Schrift, Güter, die in die Magazine von «Tempeln» und «Palästen» strömten, zu inventarisieren und über Ausgänge Buch zu führen. Eine der Schrift vergleichbare Funktion hatten Rollsiegel, die Authentizität und Vollständigkeit von Waren und Dokumenten beglaubigen halfen. Verwaltung verlangt nach Expertise: Ohne schriftkundige Spezialisten – eine verschwindend kleine Minderheit im Mesopotamien der Frühdynastischen Zeit und noch in allen späteren Epochen bis zur griechischen Klassik – hätten die großen Institutionen ihre redistributiven Funktionen nicht wahrnehmen können.

Wie die übrigen Spezialisten auch, wollten die Schreiber mit allem Nötigen des täglichen Bedarfs versorgt sein. Rationslisten, die genaue Angaben darüber enthalten, wie viel Getreide den von Großhaushaltungen abhängigen Spezialisten zustand, gehören daher zum Frühesten, das Menschen der schriftlichen Aufzeichnung für wert befanden. Bereits in der Frühdynastischen Zeit wurde penibel Buch darüber geführt, wie viel an Abhängige auszugeben war. Eine sumerische Urkunde aus Lagasch listet präzise die Empfangsberechtigten eines Tempels und die Gerstenrationen auf, die sie erhalten haben: «Insgesamt: 1 Mann mit 50 Litern; 1 Mann mit 40 Litern; 5 Männer mit je 15 Litern; 23 Männer mit je 10 Litern. Sie sind Männer. 56 Arbeiterinnen mit je 20 Litern; 72 Arbeiterinnen mit je 15 Litern; 34 Frauen mit je 10 Litern.» Weiter heißt es: «Insgesamt 192 Personen, darunter Kinder und Erwachsene, erhielten an Gerste 2935 Liter. Gerstenrationen. Die Arbeiterinnen und Kinder sind Eigentum der Göttin Bau.» Verantwortlich zeichnet «Eniggal, der Inspektor», der die Verteilung «aus dem Getreidespeicher der Göttin Bau» vornimmt (Selz, *Wirtschaftsurkunden*, 93 f.).

Die männlichen und weiblichen Arbeiter, die hier genannt werden, standen ganz unten in der Hierarchie der Institutionen, die in der Frühdynastischen Zeit schon voll entwickelt war. Sie waren das «Eigentum» einer Gottheit: persönlich frei, aber eingebunden in das Räderwerk der Institution «Tempel». Oft zählten die Abhängigen einer einzigen Institution in die Zehntausende. Für sie wurde Getreide in großen Silos bereitgehalten und in feststehenden Intervallen verteilt. Verteilt wurden auch andere Güter des täglichen Bedarfs wie Kleidung. Allerdings waren bestimmte Nahrungsmittel wie Fisch und Gemüse nicht in den Rationen enthalten; hier mag eine Nische für «private» Wirtschaftstätigkeit und vielleicht einen beschränkten Tauschhandel bestanden haben. Den größten Teil des Kuchens teilten sich indes «Tempel» und «Paläste», die mit ihren weitläufigen Bauten auch physisch die Städte des frühen Mesopotamien beherrschten.

Im Prinzip waren demographisches Wachstum, Steigerung der agrarischen Produktion, Bewässerungstechnologie, Metallurgie, funktionale Differenzierung, Urbanisierung, Schriftlichkeit und die Ausbildung von Herrschaft allesamt Facetten desselben Transformationsprozesses. Gleichwohl kommt der Ausbildung der großen, gleichsam «protostaatlichen» Institutionen «Tempel» und «Palast» Schlüsselbedeutung zu, weil ohne sie städtisches Leben nicht hätte funktionieren können. Mangels anderer Institutionen, die die räumliche Trennung agrarischer Produzenten und Konsumenten hätten aufheben können – Märkte – war die Versorgung stadtsässiger Spezialisten durch Redistribution eine *conditio sine qua non* für den gesamten Prozess. Institutionen vom Zuschnitt des mesopotamischen «Tempels» bzw. «Palastes» avancierten zum Erfolgsmodell für die gesamte Bronzezeit – von der Levante über das Niltal und Kleinasien bis in die Ägäis, wo die Großhaushalte von Knossos auf Kreta und Mykene auf der Peloponnes nach durchaus ähnlichen Regelwerken funktionierten wie ihre mesopotamischen Gegenstücke.

Einblick in die Palastwirtschaft am europäischen Rand des bronzezeitlichen Systems geben die Linear-B-Texte vom griechischen Festland, die, ergänzt um archäologisches Material, eine umrisshafte Rekonstruktion der mykenischen Gesellschaft erlauben. Grenzen setzen jeder Deutung jedoch der dürre Inhalt der Tafeln – die reine Verwaltungstexte waren – und ihr meist fragmentarischer Erhaltungszustand. Nach gängiger Auffassung beherrschten ab ca. 1500 v. Chr. einige wenige große Palastzentren, von denen etliche (vor allem Tiryns, Pylos und Mykene) archäologisch nachgewiesen sind, das griechische Festland. Herr im Palast war der *wa-na-ka*: Ob sich hinter dem Titel ein König mit göttlichen Ehren oder ein Gott verbirgt, wird zur Zeit heftig diskutiert. Kein Zweifel besteht daran, dass – genau wie in Mesopotamien – die Bevölkerung zweigeteilt war in eine Minderheit von Spezialisten (von denen wir etliche, vor allem militärische und administrative Fachleute, ihrem Titel nach kennen) und den *da-mo*, die breite Masse (*griech. dêmos*), die in Abhängigkeit vom Palast ihren täglichen Verrichtungen als Bauern, Hirten oder Handwerker nachging. Wie im Zweistromland verteilten die Paläste unter ihren Spezialisten regelmäßig Rationen. Alternativ übertrugen sie ihnen Landparzellen (*o-na-to*) zur eigenen Bewirtschaftung. Auch diese Variante der Unterhaltssicherung konnte auf Vorbilder im Nahen Osten zurückblicken, wo bereits im frühen 2. Jt. v. Chr. das strikte Verfügungsmonopol der großen Institutionen über Grund und Boden einer breiteren, quasi-feudalen Auffächerung des Grundeigentums gewichen war.

Freilich war Griechenland nicht Mesopotamien: Die Landwirtschaft war weniger ertragreich, Bewässerungstechnik spielte kaum eine Rolle und die Schafzucht samt Wollproduktion war als Wirtschaftszweig bedeutender als entlang von Euphrat und Tigris. Entsprechend war die redistributive Wirtschaft ihrem Volumen nach bescheidener, die Dominanz des institutionellen Haushalts weniger ausgeprägt. Im Gegensatz zu Mesopotamien – aber ähnlich wie etwa im bronzezeitlichen Syrien – verfügte der *da-mo* über eigene Institutionen und, vermutlich, kollektives Grundeigentum, das er an Individuen weiterverpachten konnte. Überhaupt spielte Grundpacht eine größere Rolle, wobei der verpachtete Boden letztlich in der Verfügungsgewalt des Palastes verblieb, wo ein genaues Kataster geführt wurde. Akribisch Buch geführt wurde auch über die Herden: Texte vermerken den Bestand an Schafen, die von einem namentlich genannten Hirten gehütet wurden, und eventuelle Fehlzahlen; außerdem das Geschlecht der Tiere und den erwarteten Ertrag an Wolle. Diese Wolle vertraute der Palast sodann wiederum namentlich genannten Personen, meist Frauen, aber auch Kindern, zur Weiterverarbeitung an. Funktionäre der Zentrale sammelten schließlich die fertigen Textilien ein, die durch das Attribut *wa-na-ka-te-ra* als zum Palast gehörig ausgewiesen waren. Womöglich organisierte der Palast nicht die gesamte Produktionskette in eigener Regie: So deuten einige Texte an, dass es Hirten gab, die als «Entrepreneurs» agierten, also gleichsam Subunternehmer des Palasts waren. Unklar ist, wo genau die Grenze zwischen Freien und Sklaven verlief – die es, ebenso wie in Mesopotamien und Ägypten, gab.

Über Fernhandel erfährt man so gut wie nichts aus den Texten; dennoch wissen wir durch archäologische Funde, dass die Ägäis in der Späten Bronzezeit in permanentem, recht dichtem Austausch mit Vorderasien und Ägypten stand. Wie bronzezeitliche Palastzentren den Warenverkehr untereinander regelten, erfahren wir aus erster Hand aus einem Corpus von Keilschrifttexten, insgesamt weit über 20 000, die Archäologen bereits seit den 1880er Jahren aus dem Boden des anatolischen Ortes Kültepe bergen. Dort befand sich vom frühen 20. bis zum späten 18. Jh. v. Chr. ein assyrischer Handelsstützpunkt, ein *kārum*, mit Namen Kaniš. Wörtlich übersetzt bedeutet *kārum* «Hafen» – und ein sicherer Hafen war Kaniš für die assyrischen Kaufleute, die hier, mitten im südostanatolischen Bergland, Handel trieben. Kaniš war der Endpunkt einer Handelsroute, über den die mesopotamische Macht Assyrien Metalle – Silber, Gold und vor allem Kupfer – aus Anatolien bezog, wohin sie im Gegenzug Textilien lieferte und Zinn, das die Assyrer selbst aus Iran importierten. Die Militärmacht Assur konnte so den Metallbedarf vor allem ihrer Waffenschmieden decken und gleichzeitig – in Form des Silbers – eine universell konvertible «Währung» erhandeln, die sich gegen andere Güter tauschen ließ.

Organisatorisch war das *kārum* weit mehr als nur ein Handelsstützpunkt: Es war eine Körperschaft mit eigenem Rechtsstatus, den der lokale Herrscher anerkannte und der assyrische König garantierte. Die faktische Exterritorialität schützte die Kaufleute vor der Nemesis aller Landesfremden: der totalen Rechtlosigkeit; außerdem schuf sie einen geschützten Raum, in dem Händler vertrauensvoll Kontakte zu Kollegen und somit Netzwerke knüpfen konnten. Doch ging der Schutz der assyrischen Könige noch weiter: Die Händler, die den gefahrvollen, beschwerlichen Weg nach Kaniš auf sich nahmen oder den Warenumschlag dort abwickelten, handelten nicht auf eigene Faust; als *tamkāru* waren sie, jedenfalls in ihrer großen Mehrheit, Funktionäre des Palasts. Sie waren Rädchen einer großen bürokratischen Maschinerie, in der jeder «Kaufmann» seine Aufgabe hatte. Die Korrespondenz, die aus der altassyrischen Zeit überdauert hat, besteht im Kern aus Vertragsurkunden, Briefen und Inventaren, mit denen sich die *tamkāru* gegenseitig über Transaktionen, Begleitpersonal sowie Art und Menge der transportierten Güter informierten.

Einige Texte scheinen anzudeuten, dass einzelne *tamkāru* ihre Funktion dazu benutzten, sich auf eigene Rechnung etwas hinzuzuverdienen. Wenn das stimmt, dann nutzten sie für sich privat die Gesetze des Marktes – zwischen zwei Orten fluktuierende Preise. Im Mittelpunkt des assyrischen Kaniš-Handels stand aber etwas ganz anderes: Ganz oben auf der Agenda stand der Bedarf des Imperiums an Metallen, vor allem Kupfererz zur Bronzeherstellung. Ohne Kupfer standen im erzarmen Mesopotamien die Schmieden still; und der Imperativ, es zu beschaffen, war die Geschäftsgrundlage für das *kārum* Kaniš.

Dass der Austausch zwischen Palastzentren noch eine weitere Dimension hatte, verschweigen die Tafeln aus Kaniš, aber es geht unmissverständlich aus einem wichtigen Quellenkorpus aus Ägypten hervor, den sogenannten Amarna-Briefen. Das Nilland geriet Mitte des 14. Jh.s v. Chr. unter Amenophis IV. (Echnaton) in eine Phase religiösen Umbruchs, in der die Beziehungen zu auswärtigen Bündnispartnern und Vasallen abkühlten. Die Briefe, die überwiegend in altbabylonischer Sprache abgefasst sind, dokumentieren das Netz diplomatischer Kontakte, das ein «großer» König wie der ägyptische Pharao zu pflegen hatte: Er hatte mit Gleichrangigen wie dem Hethiterkönig, dem Herrscher der babylonischen Kassiten, dem Assyrerkönig oder dem König von Mittani zu korrespondieren, ohne den Gesprächsfaden zu rangniederen «kleinen» Königen – seinen Vasallen in der südlichen Levante – abreißen zu lassen. Zwar sind die Antworten des Pharao ausnahmslos verschollen, doch heben sich deutlich die Konturen eines «internationalen» Systems mit zwei Ebenen ab, in denen Herrscher wie die Mitglieder einer Familie miteinander kommunizierten.

Die diplomatische Kommunikation war strikt auf Gegenseitigkeit, Reziprozität, ausgelegt. Könige gleichen Ranges nannten sich «Bruder», das Verhältnis zwischen dem Pharao und seinen levantinischen Vasallen war das von «Vater» und «Sohn». Als Unterpfand des guten Willens machten Geschenke, immer wieder auch Gold, und Frauen die Runde. Charakteristisch für den Ton der Korrespondenz ist, dass die materielle Dimension des Güteraustauschs – so bezieht etwa Ägypten Kupfer und Holz aus Zypern, während die Insel aus dem Nilland Silber und «süßes Öl» erhält – in die zeremonielle Sprache der Brüderlichkeit eingekleidet ist: Güter sind nicht einfach Güter, sondern symbolbefrachtete Gaben in einem Tauschreigen, in dem regelmäßige Geschenke die Freundschaft erhalten. Vasallenfürsten senden ebenfalls Geschenke an den Hof des Pharao – und erhalten im Gegenzug dessen Wohlwollen und Protektion. Auch hier war eine im Kern materielle Transaktion – die Zahlung von Tributen – bis zur Unkenntlichkeit in ein kodiertes System sozialer Normen eingelassen.

Der Duktus der Amarna-Korrespondenz rührt an ein universelles Problem jeder Beschäftigung mit vormodernen Ökonomien: Für uns mag, aus einem Abstand von über 3000 Jahren, die wirtschaftliche Agenda der Akteure auf der Hand liegen. Schließlich mutet es banal an, dass Ägypten für seine Bauprojekte und seine Armee Holz und Metallerze benötigte und dass man zu ihrer Beschaffung Fernhandel trieb, Geschenke als Türöffner für kommerziellen Austausch benutzte oder auch das politische Gewicht des Nillandes in die Waagschale warf, um Tribute aus den Vasallen herauszupressen. Entscheidend ist aber, dass solche Motivationslagen in den Texten mit keinem Wort zur Sprache kommen. Nimmt man die Texte ernst, und das sollten wir, dann muss man auch die Frage nach dem Warum stellen: War die Sprache der Brüderlichkeit nur «Ideologie», die bewusst den Blick auf die harten ökonomischen Fakten verstellen sollte? War sie ein «Diskurs», der alle Beteiligten in derselben Sprache und mit demselben Vokabular kommunizieren ließ? Oder liegt die Ursache für die markante Abwesenheit ökonomischer Begriffe in den Texten der Amarna-Korrespondenz noch tiefer: Steht sie dafür, dass die ökonomische Dimension des Güteraustauschs von den Akteuren womöglich gar nicht wahrgenommen wurde?

III. Vernetzung

Die Welt der Bronzezeit war engmaschig vernetzt. Güter und Menschen reisten von der Ägäis bis nach Iran, von Kleinasien bis an den Nil. Sinn und Zweck des Austauschs war es, knappe Güter aus der Ferne zu beschaffen: Holz aus dem Libanon, Kupfer aus Zypern, Gold aus Nubien, Textilien aus Assyrien – die Liste ließe sich beliebig fortsetzen. Mit dem Kollaps der Palastzentren um 1200 v. Chr. fiel auch der großräumige Austausch in sich zusammen; aktiv blieben nur lokale Netzwerke. Die Wiederbelebung des Fernhandels in der Eisenzeit, maßgeblich durch Händler aus der Levante und – etwas später – der Ägäis, leitete eine tausendjährige Periode immer dichterer Vernetzung der antiken Mittelmeerwelt ein, die ihren Höhepunkt im ökonomisch-kulturellen Interaktionsraum der Oikumene fand.

Güter aus der Ferne

Komplexe Gesellschaften hängen von unzähligen Voraussetzungen ab. Die komplexesten Gesellschaften ihrer Epoche waren die bronzezeitlichen, von institutionellen Großhaushalten beherrschten Großreiche: Imperien wie das Hethiterreich, das kassitische Babylonien oder das ägyptische Neue Reich. Zu den elementaren Voraussetzungen gehörten materielle Güter: Nahrungsmittel, Metallerze und Baumaterialien, aber auch seltenere, exotischere Rohstoffe, aus denen sich Luxusgüter fertigen ließen oder die bei Kulthandlungen Verwendung fanden – Rohstoffe wie Gold, Elfenbein, Edelsteine oder Weihrauch. Ein Weg, um an Rohstoffe zu kommen, führte für Imperien über Expansion; wo Rohstoffquellen nicht erobert werden konnten, mussten sie mit friedlichen Methoden angezapft werden.

Wie bronzezeitliche Großmächte agierten, wenn ein Rohstoff außerhalb ihrer militärischen Reichweite lag, zeigt anschaulich die Punt-Expedition der ägyptischen Königin Hatschepsut. Um 1500 v. Chr. steuerte eine ägyptische Flotte das Land am Horn von Afrika an, nachdem ein Orakel verkündet hatte, man solle «die Handelsrouten zu den Myrrhe-Terrassen erkunden». Im Totentempel der Pharaonin ist die Expedition in Wort und Bild dargestellt: Der Gott Amun habe der Königin «Punt in seiner Gänze» gegeben, dessen Myrrhe-Terrassen noch kein Ägypter gesehen habe. Berichtet wird weiter, wie eine Flotte von fünf Schiffen beladen wird und in See sticht; wie die ägyptische Delegation unter Führung von Hatschepsut höchstpersönlich ein Fest für die Gastgeber ausrichtet; wie Geschenke ausgetauscht werden; und wie schließlich die Ägypter beladen mit wilden exotischen Tieren, Gold, Hölzern und Weihrauch die Heimreise antreten. Obwohl die Texte gezielt den Eindruck erwecken wollen, die Pharaonin habe sich Myrrhe und Platanenholz einfach genommen, ist doch klar, dass Hatschepsut mit den Bewohnern von Punt von gleich zu gleich verhandelt hat. Anders als die Kontakte zur Levante, deren Könige den Pharaonen tributpflichtig waren, war der Austausch mit dem Weihrauchland Punt streng symmetrisch.

Die Expedition nach Punt ist nur der Höhepunkt der regen Handelstätigkeit, die das Nilland zur Zeit der 18. Dynastie entfaltete. Ägyptische Schiffe steuerten Ziele auf der Arabischen Halbinsel, in Nubien und im Mittelmeer an, um gegen Waren, die in Ägypten hergestellt wurden, Kupfer, Zedernholz, Bitumen, Öl und eben Weihrauch einzutauschen – Artikel also, ohne die am Nil im Wortsinn kein Staat zu machen war. Nicht alle Pharaonen betraten wie Hatschepsut Neuland, um den Appetit ihres Reiches nach Rohstoffen zu stillen, aber ägyptische Handelsschiffe waren auf den Meeren der Bronzezeit ein alltäglicher Anblick.

Ein Hafen, den ägyptische Seeleute regelmäßig ansteuerten und der seine Existenz überhaupt dem Holzbedarf des baumlosen Nilreiches verdankte, war die Stadt Byblos an der Küste des heutigen Libanon. Von Byblos aus ließen sich die reichen Zedernbestände des bis zu 3000 m aufragenden Libanongebirges bequem erschließen, und die geraden, hochgewachsenen Stämme dieser Bäume waren für die Ägypter unverzichtbar als Bauholz und zur Fertigung von Möbeln oder Sarkophagen. So überrascht es nicht, dass man am Nil schon früh Wert auf enge Beziehungen zu der Levante-Stadt legte. Der kulturelle Einfluss Ägyptens war in Byblos deshalb schon im 3. Jt. v. Chr. deutlich zu spüren, und als gegen Mitte des 2. Jt. v. Chr. Ägypten politisch nach der Levante griff, wurde auch der Herrscher der Stadt am Libanon zu einem «kleinen König», der Tribute an den Nil zu liefern hatte. So blieb es jahrhundertelang, wenngleich sich um 1355 v. Chr. Rib-Addi, Herrscher von Byblos, in bitteren Briefen an den Hof in Amarna beklagte, der Pharao habe ihn schmählich im Stich gelassen, während Rebellen seine Stadt bestürmten. Rund 80 Jahre später dokumentierte Ramses II. den ägyptischen Anspruch auf Byblos, indem er in der Nähe drei Inschriften aufstellen ließ, die seine Sieghaftigkeit unterstrichen.

Weitere 200 Jahre später, um 1075 v. Chr., segelt abermals ein Ägypter in die Levante. Der Reisende ist ein hoher Würdenträger, Wenamun, der im Namen des Pharao an die Tür des byblotischen Herrschers Sekerbaal klopft und die Lieferung von Zedernholz verlangt. Wenamun hat große Gefahren auf sich genommen, um Byblos zu erreichen; das Nilreich erschüttern bürgerkriegsartige Unruhen, und auf der Überfahrt haben ihm Seeräuber nachgestellt. Jetzt teilt er Sekerbaal in barschem Befehlston mit, er solle es so halten wie seine Väter und Vorväter und ihm als Emissär des Pharao, seines Herrn, das Zedernholz liefern – ohne dafür etwas von den Ägyptern zu erhalten. Doch Wenamuns zur Schau getragenes Selbstbewusstsein verfehlt seinen Eindruck auf Sekerbaal. Ohne Bezahlung kein Zedernholz, so lautet die schmallippige Antwort des Stadtkönigs an Wenamun. Der muss jetzt wohl oder übel die Rückfahrt antreten, um Güter zu beschaffen, mit denen er das Holz bezahlen kann. Erst als Wenamun mit Edelmetallen, Papyrus, Tuchen und anderen Wertgegenständen beladen zurückkehrt, entsendet Sekerbaal seine Holzfäller in den Libanon, um die von den Ägyptern gewünschten Zedern zu schlagen.

Die Episode hat sich so womöglich nie zugetragen. Der «Bericht des Wenamun» ist ein literarischer, kein historiographischer Text und stammt vermutlich auch erst aus dem 10. Jh. v. Chr. Dennoch enthält der Papyrus, den der russische Ägyptologe Wladimir Golenischtschew 1891 im Kunsthandel erwarb, unschätzbare Informationen über die Kräfte, die seit Hatschepsut und Ramses die Welt des Alten Orients verwandelt hatten. Schließlich musste der Text, auch wenn die geschilderten Ereignisse erfunden sind, seinen Lesern plausibel erscheinen; und er stützt sich vermutlich auf Quellen, vielleicht sogar auf amtliche Dokumente, die aus der Zeit um 1075 v. Chr. stammen. Schlüssig ist vor allem der Kern des Plots: Sekerbaal erkannte, anders als seine Vorfahren, die Tributsoberherrschaft des Pharao nicht mehr an. Gleichsam für lau Zedernholz an den Nil zu liefern, kam für den Herrscher der Levantestadt nicht mehr in Frage. «Was mich betrifft, so bin ich weder dein Diener noch der Diener dessen, der Dich sandte», hält er dem Repräsentanten des Pharao entgegen.

Doch Sekerbaal verweigert sich nicht nur den Spielregeln imperialer Herrschaft, für ihn ist auch die Sprache der Brüderlichkeit obsolet, in die die Bronzezeit den Güteraustausch zwischen

Palasthaushalten jahrhundertelang gekleidet hat. «Wenn du mir etwas dafür gibst, dann tue ich es», hält er Wenamuns Forderung nach Herausgabe des Holzes entgegen und mahnt damit ein striktes Quid pro quo an. Sekerbaal ist der Herrscher von Byblos und damit nach ägyptischer Lesart ein «kleiner König»; aber seine Sprache ist die eines gewieften Geschäftsmannes, der nichts zu verschenken hat. Was aus ägyptischer Perspektive wie die Anmaßung eines unbotmäßigen Vasallen wirkt, ist tatsächlich die zwingende wirtschaftliche Konsequenz aus einem politischen Umbruch: dem Kollaps der Palastzentren, der um 1200 v. Chr. das östliche Mittelmeer erschütterte und vermutlich aus dem Unvermögen der großen Mächte resultierte, die wachsende soziale Kluft zwischen Gewinnern und Verlierern des redistributiven Systems zu überbrücken.

Neue Spielregeln

Der Zusammenbruch der bronzezeitlichen Imperien um 1200 v. Chr. unterbrach auch den großräumigen Güteraustausch. Während Herrschaft, soziale Ordnungen und selbst die Beherrschung der Schrift schwanden, ging das Komplexitätsniveau der Gesellschaften im östlichen Mittelmeerraum dramatisch zurück. Wo es keine Eliten mehr gab, bestand auch kein Bedarf mehr an Prestigegütern. Die allgemeine Rezession zog immer weitere Kreise, ganze Landstriche – wie die Ägäis und Sizilien – wurden völlig von der Warenzirkulation abgeschnitten; mancherorts hielten sich immerhin noch lokale Austauschsysteme, die allenfalls grobmaschig miteinander verzahnt waren. Insgesamt aber brach für weite Teile des östlichen Mittelmeers ein mehrhundertjähriges Dunkles Zeitalter an, in das – aus Sicht von Historikern und Archäologen – nur spärliche Funde etwas Licht bringen.

Immerhin gibt es Anzeichen, dass die mittlere und südliche Levante, die Küste der heutigen Staaten Libanon und Israel, im allgemeinen Chaos so etwas wie eine Insel der Kontinuität war. Der beste Beleg dafür ist ein assyrischer Text, der berichtet, der König Tiglatpilesar habe um 1100 v. Chr. von Sidon, Byblos und

Arados «Tribute» erhoben. Grabungen in Byblos und der kleinen Stadt Sarepta südlich von Sidon zeigen, dass etliche Siedlungen der Zerstörungswelle, die um 1200 v. Chr. den gesamten Mittelmeerraum erfasste, wohl ganz entgingen; weiter südlich waren die Küstensiedlungen Ašdod, Tel Miqne, Gaza, Aškelon und Tell Qasile zwar zerstört worden, aber bis ca. 1100 v. Chr. bereits wieder zu veritablen Städten herangewachsen. Und Byblos gilt dem Wenamun-Bericht ausdrücklich als ein Hafen, den regelmäßig Schiffe anlaufen.

Die relative Kontinuität zwischen Arados und Gaza und das Verschwinden der Großreiche, die zuvor die Geschicke der Levante bestimmt hatten, eröffneten den Städten am Ostrand des Mittelmeers bis dahin ungekannte Spielräume. Wie Sekerbaal konnten sie den Preis für die Rohstoffe, die sie exportierten, selbst bestimmen. Außer Zedernholz war das vor allem die Purpurfarbe, die man aus der in der Levante massenhaft vorkommenden Murexschnecke in einem komplizierten Verfahren herstellte (S. 62 f.). Bei den Griechen wurde der Farbstoff für die Bewohner der mittleren Levante sogar namensgebend: *Phoinikes*, Phönizier, nannte man sie, die «Purpurroten».

Doch beschränkten sich die wirtschaftlichen Aktivitäten der Phönizier nicht darauf, Rohstoffe zu verkaufen. In den frühesten Texten aus der Eisenzeit werden sie als begnadete Handwerker gefeiert – und zugleich wird vor ihnen als mit allen Wassern gewaschenen Händlern gewarnt.

So erfahren wir aus den Büchern Könige und Chronik des Alten Testaments, dass Hiram, der König der phönizischen Stadt Tyros, Salomo beim Bau des Tempels von Jerusalem geholfen haben soll. Die Rede ist von Gold, Zypressen- und Zedernholz, die Hiram beschaffte; vor allem soll er Salomo Arbeitskräfte zur Verfügung gestellt haben, darunter den Bronzeschmied Hiram, einen wahren Meister seines Faches, der zwei Säulen schuf, die vor dem Tempel aufgestellt wurden, und zahlreiche Gegenstände für das Tempelinnere (1 *Könige* 7:13–51; 2 *Chronik* 2:2–4:22). Im Gegenzug habe Tyros Lebensmittel und Land in der Jesreel-Ebene erhalten, das Salomo an Hiram abtrat. Schließlich heißt es noch, dass Salomo Teilhaber von Handelsexpeditionen des tyrischen Königs geworden sei, die bis nach Taršiš – das heutige Andalusien – geführt und außer Gold, Silber und Elfenbein auch exotische Tiere nach Israel zurückgebracht hätten (1 *Könige* 10:22; 2 *Chronik* 9:21). Auch sollen Hiram und Salomo in Ezion-Geber am Golf von Akaba einen Hafen und Handelsschiffe gebaut haben, die Richtung Indischer Ozean in See stachen (1 *Könige* 9:26). Was immer man von solchen Geschichten halten mag – fest steht, dass die Bücher Könige und Chronik Produkte der Exilzeit (597–539 v. Chr.) waren und die Autoren, wenn überhaupt, nur spärliche Informationen über die ferne Vergangenheit besaßen. In welche Zeit die Geschichte vom Tempelbau gehört – ob ins 10. Jh. v. Chr., ins 6. Jh. oder irgendwann dazwischen –, ist daher kaum zu ermessen. Festzuhalten ist, dass der Ruf der Phönizier als Händler und Handwerker im 6. Jh. v. Chr. längst begründet war.

Ganz ähnlich nahmen die Griechen die Menschen wahr, die aus der Levante zu ihnen kamen. In der Ilias, jenem Epos, das um 700 v. Chr. als erstes Werk der griechischen Literatur schriftliche Form erhielt, treten sie durchweg als Produzenten hochwertiger Waren in Erscheinung, die ihren Wert gerade daraus beziehen, dass sie von *Sídones* – so lautet die Bezeichnung für die Phönizier in der Ilias – hergestellt worden waren. Von phönizischen Metallarbeiten ist wiederholt die Rede (S. 47 f.), und im Schlafgemach von Hekabe, der Königin von Troja, lagern Gewänder, «buntgefärbte, Arbeiten von Frauen, Sidonischen» (Homer, *Ilias* 6, 289 f.), von denen die Gattin des Priamos das schönste für wert hält, der Göttin Athene zum Geschenk gemacht zu werden.

Dagegen begegnen uns die *Phoínikes* im zweiten homerischen Epos, der Odyssee, in einer ganz anderen Rolle: Sie sind nicht Hersteller, sondern Händler und Spediteure, deren Geschäftsgebaren durchaus fragwürdig ist. So berichtet in einem längeren Exkurs der Schweinehirt Eumaios, eigentlich ein Königssohn von der Insel Syria, Phönizier hätten einst, als er noch klein war, seine Insel besucht; sie seien ein Jahr geblieben und hätten «Tand» aus dem Bauch ihres Schiffes gegen allerlei Waren eingetauscht. Dann hätten sie sich, mit einer phönizischen Sklavin als Komplizin und unter Mitnahme des königlichen Tafelsilbers, aus dem Staub gemacht – und bei dieser Gelegenheit auch Eumaios entführt und später als Sklaven verkauft (Homer, *Odyssee* 15, 415–470). Bei anderer Gelegenheit erzählt Odysseus, wie ihn angeblich ein «Mann aus Phönizien» dazu überredet habe, sich seinen Handelsunternehmungen anzuschließen, er mit diesem nach «Phoinike» aufgebrochen sei und später auf eine Expedition nach Libyen – wo ihn der Phönizier gegen «großen Gewinn» in die Sklaverei habe verkaufen wollen (ebd. 14, 288–296).

Das Bild, das die homerischen Epen von den Phöniziern zeichnen, ist durchaus vielschichtig. Doch in einem Punkt sind die Texte unmissverständlich: Die Levantiner waren, als die Ägäis gerade aus dem Dunklen Zeitalter erwachte, den Griechen in jeder Beziehung überlegen: technologisch, künstlerisch und organisatorisch. Die Phönizier sind nicht nur Handwerker, die Artefakte herstellen, die den Griechen Respekt abnötigen; sie beherrschen auch die Handelsrouten, sind «schiffsberühmt» (ebd. 15, 415) und nautisch versiert. Längst haben sie die zu Anfang der Eisenzeit nur lose verbundenen lokalen Handelssysteme zu einem engmaschigen Netzwerk verknüpft, das sie mit ihren Schiffen befahren, um Tauschhandel zu treiben und von den Profiten zu leben. Daran, dass der Seehandel für die Phönizier ein Erwerbszweig war, lassen die Texte keinen Zweifel: Die Kaufleute, die von Hafen zu Hafen fuhren und im geldlosen Tauschhandel ihre Waren feilboten, waren offensichtlich nicht Teil eines institutionellen Großhaushalts wie ihre Vorgänger in der Bronzezeit; vielmehr waren Betreiber der Schiffe Handelsgesellschaften, die ein gemeinsames Interesse am Profit zusammenhielt und die – wie das Beispiel des Odysseus lehrt – auch ethnisch bunt zusammengewürfelt sein konnten. Primäres Ziel war nicht mehr die Beschaffung von Gütern aus der Ferne, sondern das Erwirtschaften von Gewinnen aus dem Zwischenhandel.

Ein solches Geschäftsmodell hing von vielen Voraussetzungen ab: Die Händler mussten nicht nur über attraktive Waren und seetüchtige Schiffe verfügen, sondern auch über Sprachkenntnisse und gründliches geographisches Wissen. Ohne präzise Informationen über fremde Länder, ihre Bewohner und deren Bedürfnisse wäre jede Handelsexpedition eine Fahrt ins Ungewisse gewesen, deren Risiken die Gewinnchancen bei weitem überwogen hätten. Dass die phönizische Metropole Tyros, die spätestens im 10. Jh. v. Chr. die Führungsrolle unter den Küstenstädten der Levante übernommen hatte, über entsprechende Verbindungen verfügte, bestätigt ein weiterer Text aus dem Alten Testament: Diesmal ist es eine Prophezeiung, die sogenannte «Totenklage über Tyros» (*Ezechiel* 27) aus dem Buch Ezechiel. Auch diese Schrift stammt aus dem 6. Jh. v. Chr., aus der Zeit kurz nach der Eroberung von Tyros durch den babylonischen König Nebukadnezar 572 v. Chr. Ihr eigentliches Thema ist jedoch der Reichtum, den Tyros zu seiner Blütezeit im 9. bis 7. Jh. v. Chr. entfaltet hatte. Grundlage dieses Reichtums ist der Fernhandel. Penibel listet die «Totenklage» die Handelspartner der phönizischen Metropole auf und die Waren, die jeweils gehandelt wurden: «Die Kaufleute von Saba und Rama [Südarabien] waren deine Kunden; sie haben die allerköstlichste Spezerei, allerlei Edelsteine und Gold für deine Ware gegeben.» Nach diesem Muster treibt nahezu die gesamte bekannte Welt Handel mit Tyros: von Taršiš (Andalusien) über Lud und Put (Libyen) bis nach Persien. So entsteht das Bild eines weit gespannten Fernhandelssystems, und Tyros befindet sich, wie die Spinne im Netz, genau im Zentrum. Um diesen Mittelpunkt lagern sich diverse Peripherien: Je nach technologischer und sozialer Entwicklungsstufe liefern die Partner Fertigwaren wie Textilien (Ägypten, Assur), Agrarprodukte (Juda, Israel) oder Erze und andere Rohstoffe (Arabien, Zypern, Taršiš). Wer auch darüber nicht verfügt, steuert Sklaven bei, wie Jawan (Griechenland), Tubal (Ostanatolien) und Mesech (Taurus).

Wie Frösche um einen Teich

Das dichte Netzwerk um Tyros war kein Produkt prophetischer Phantasie – es war vom 9. bis zum 7. Jh. v. Chr. höchst real. Wie real, das dokumentieren archäologische Funde aus dem gesamten Einzugsbereich des phönizischen Fernhandels. So gelangten ab 900 v. Chr. von phönizischen Handwerkern hergestellte Metallgefäße – aus Bronze, aber auch aus Silber – in ein Gebiet, das von Italien bis nach Mesopotamien reichte. Die oft aufwendig dekorierten Gefäße – meist Paterae genannte flache Schalen – verdankten die hohe Wertschätzung, die sie genossen, der symposiastischen Kultur, die in der Eisenzeit weit um sich gegriffen hatte. Überall, ob in Persien, Griechenland oder im keltischen Europa, versammelten sich Aristokraten zum Symposion, dem geselligen Trinkgelage.

Wie solche Luxusartikel in aristokratischen Zirkeln der Eisenzeit kulturübergreifend die Runde machten, illustriert eine Passage aus der Ilias: Bei den Leichenspielen für seinen gefallenen Gefährten Patroklos stiftet Achill als Kampfpreis «[...] ein Silber-Mischgefäß, kunstvolle Arbeit, konnte sechs Maß fassen, / an Schönheit aber trug's den Sieg davon auf der gesamten Erde / bei weitem, denn Sidoner voller Kunstsinn hatten's schön gefertigt. / Phoiniker aber hatten's mitgebracht über das dunkle Meer hin / und hatten Halt gemacht im Hafen und dem Thoas es als Gastgeschenk gegeben. / Doch für den Sohn des Priamos, Lykaon, hatte es als Gegenwert gegeben / dem Patroklos, dem Helden, Iasons Sohn Euneos. / Und dieses setzte nun Achilleus aus als Kampfpreis, seinem Freund zu Ehren, / für den, der schnellster werden sollt' mit seinen hurt'gen Füßen. / Dem Zweiten aber setzt' er einen Ochsen aus, groß, feist vom Fette, – / und dann ein Halb-Talent von Gold der letzte Preis, den er bestimmte» (Homer, *Ilias* 23, 741–751, Übersetzung J. Latacz).

Der Text verrät viel über den Wert, der dem fraglichen Gefäß beigemessen wurde: Es war mehr wert als ein Ochse und mehr als ein halbes Talent – eine große, aber nicht näher zu beziffernde Menge Gold. Außerdem erfahren wir eine Menge über die Modalitäten des Austauschs: Prestigegüter wechselten ihren Besitzer als Gastgeschenk (von den Phöniziern zu Thoas) und als Lösegeld für Kriegsgefangene (von Euneos zu Patroklos); jetzt winkte das Gefäß dem Sieger in einem Wettrennen als Preisgeld. Jede dieser Transaktionen gehört in einen typisch aristokratischen Kontext (Gastfreundschaft, Krieg, Wettkampf) und trägt zeremonielle Züge. Das heißt nicht, dass sie sich vollständig ökonomischer Vernunft entzögen: Sich mit Geschenken ein Netz von Gastfreunden aufzubauen ist ebenso rational wie einen Freund aus der Kriegsgefangenschaft auszulösen oder Sieger im Wettkampf zu belohnen; ökonomisches Kapital wird hier in eine andere Kapitalsorte – Solidarität bzw. soziales Kapital – investiert (dazu näher S. 102). Nichts als Solidarität hielt die aristokratische Gesellschaft in den ausgehenden Dunklen Jahrhunderten zusammen.

Da die Gefäße also unter Aristokraten unterschiedlichster Herkunft zirkulierten, baute ihr Dekor konsequent auf typisch aristokratischen Motiven auf – vor allem Jagd und Krieg –, die in den unterschiedlichsten Kulturkreisen verstanden werden konnten. Auf die universelle Lesbarkeit ihrer Ikonographie gründete sich der Erfolg der phönizischen Metallgefäße. Ganz ähnlich hatten auch andere phönizische Luxusartikel – vor allem die als Möbelbeschläge verwendeten Elfenbeinschnitzereien – einen breiten Rezipientenkreis im Visier. Dazu war das motivische Repertoire bewusst überschaubar gehalten; umso größer war der Wiedererkennungswert der in aristokratischen Palästen vor allem Vorderasiens begehrten Elfenbeinarbeiten.

Wie phönizischer Fernhandel und sozialer Wandel in den von ihnen besuchten Orten Hand in Hand gingen, illustriert eindrucksvoll das Beispiel des Fundplatzes Lefkandi auf der griechischen Insel Euboia. In dem Ort wurden sechs Nekropolen aus der Zeit zwischen ca. 1000 und 825 v. Chr. gefunden. In einer der Nekropolen fand sich eine phönizische Bronzeschale, die als Vorbild für das bei Homer beschriebene Mischgefäß hätte herhalten können (Abb. 1). Besonders bemerkenswert ist das sogenannte Heroon, ein 45 m langes Apsidenhaus, unter dem vier Pferde, ein Mann und eine Frau bestattet waren. Im Umfeld des Frauenskeletts fanden sich reiche Beigaben: ein Schwert aus Eisen sowie Schmuckstücke aus Bronze, Eisen und Gold. Die meisten dieser Gegenstände waren Importe aus dem Osten. Zögernd wurden Elemente der fremden Bilderwelt auch von lokalen Handwerkern aufgegriffen – und zwar von Töpfern, die ihre mit geometrischen Mustern verzierten Gefäße jetzt

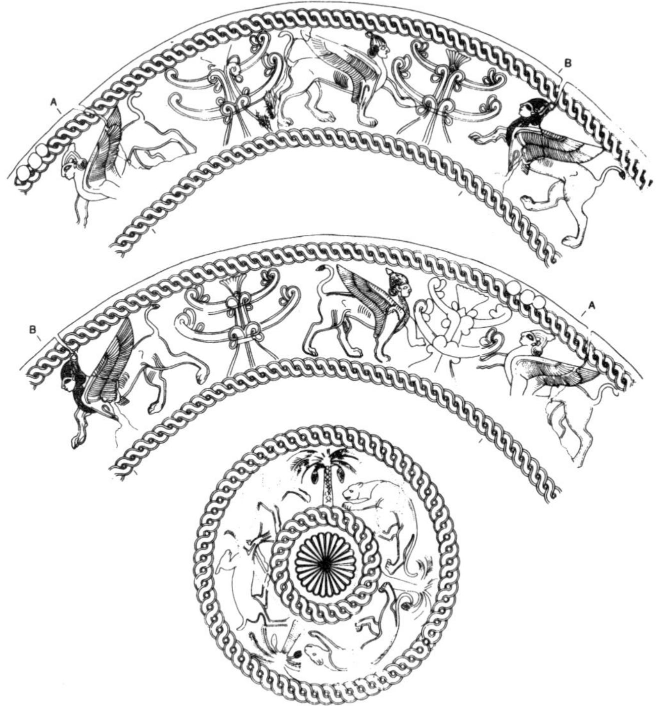

Abb. 1: Phönizische Bronzeschale aus Toumba Grab Nr. 55 in Lefkandi

um Figurenschmuck bereicherten. Im Lefkandi des 9. Jh.s v. Chr. gab es offensichtlich einen Personenkreis, der sich nicht nur den Import kostbarer Metallobjekte aus dem Orient leisten konnte, sondern auch örtliche Handwerker zu Innovationen anregte.

In Lefkandi beendete die Zerstörung der Siedlung um 800 v. Chr. die weitere Entwicklung «orientalisierender» Formen. In Korinth ging man auf dem einmal eingeschlagenen Weg konsequent weiter und bereitete das ikonographische und technische Inventar phönizischer Metallschalen für Keramik auf. Gefäße wie der kleine Flacon für parfümiertes Öl, der um 650 v. Chr. in Korinth hergestellt wurde (Abb. 2), künden da-

Abb. 2: Protokorinthischer Aryballos – Pergamonmuseum Berlin, Antikensammlung

von, wie die griechischen Töpfer sich bis zum Anbruch der Archaik die fremde, jetzt zum Gemeingut gewordene Zeichensprache angeeignet hatten. Mit einer gehörigen Portion Dreistigkeit erhoben die korinthischen Töpfer den Anspruch, dass ihre Erzeugnisse mit den phönizischen Originalen aus hochwertigen Materialien konkurrieren könnten.

Nicht von ungefähr wurden Korinth und vor allem Euboia, wo die Kontakte mit den Händlern der Levante am engsten waren, zu Ausgangspunkten eines Prozesses, in dessen Verlauf sich die mediterrane Welt von Grund auf wandeln sollte. Mobilität von Gütern hatte immer schon auch die Mobilität von Menschen bedingt; im 8. Jh. v. Chr. aber begannen Griechen, sich an Plätzen fernab ihrer Heimat niederzulassen, weil dort bessere wirtschaftliche Chancen winkten. Auch hier wandelten die Hellenen in den Fußstapfen der Phönizier, die bereits seit dem 10. Jh. v. Chr. die mediterranen Küsten, von Zypern über Sizilien, Sardinien und Nordafrika bis hin nach Spanien, erschlossen und besiedelt hatten. Doch während bei den Levantinern kommerzielle Motive im Vordergrund standen, wurde für die Griechen der Exodus immer mehr zum Ventil, um Verteilungskonflikte in der Heimat zu mildern.

Erster Brückenkopf für griechische Siedler in Übersee war Ischia im Golf von Neapel. Das von den Griechen Pithekoussai («Affeninsel») genannte Eiland war keine «Kolonie» der aus Euboia stammenden Auswanderer, sondern ein ethnischer Schmelztiegel, von dem aus das italische Festland, vor allem die Erzvorkommen in Etrurien und die fruchtbaren Ebenen Kampaniens, erschlossen werden konnte. Schon vor den Griechen waren hier Phönizier ansässig, die sich in die bereits bestehenden lokalen Handelsnetzwerke im Tyrrhenischen Meer einklinkten, und auch die Präsenz von Etruskern ist auf der Insel nachzuweisen. Die Insel diente im 8. Jh. v. Chr. nicht nur als Drehscheibe für Metallerze, sondern auch als Standort für das metallverarbeitende Gewerbe.

Wo Mobilität im Spiel ist, da sind die ethnisch-kulturellen Identitäten von Menschen selten fest gefügt. Das bezeugen Gräber auf Pithekoussai, in denen Levantiner bestattet wurden, jedoch nach griechischer Sitte. Wie multikulturell es auf dem eisenzeitlichen Ischia zuging, zeigen auch die Bronze-, Eisen- und Silberfibeln, die den Toten beigegeben wurden. Auffällig ist, dass viele der normalerweise paarweise getragenen Fibeln nicht zueinander passten, sondern im Gegenteil auf eine große Vielfalt an Stilrichtungen Wert gelegt wurde. Wenn gerade der Besitz möglichst unterschiedlicher Stücke als erstrebenswert galt, dann deutet das darauf hin, dass die Besitzer – oder meist: Besitzerinnen – modebewusst waren und wechselnden Trends folgten. Ferner stammten, obwohl die Bestatteten mutmaßlich Griechen waren, die Fibeln nicht aus heimischer oder griechischer Produktion, sondern vom italischen Festland. Wenn Waren importiert wurden, die man leicht auch selbst herstellen konnte, dann mussten noch andere Motive für Güteraustausch im Spiel sein als bloß die Beschaffung nicht verfügbarer Güter aus der Ferne.

Pithekoussai mit seinen Gräbern und Fibeln ist gewissermaßen ein früher Brennpunkt der Vernetzung: Menschen ließen sich weder beim Konsum noch bei der Wahl ihres Wohnorts primär von ethnischen oder kulturellen Gesichtspunkten leiten; ausschlaggebend war, dass es ihnen in der Fremde besser ging als zu Hause. Und über ihren Lebensstil entschied – buchstäblich bis in den Tod – nicht primär die Herkunft, sondern das Milieu, das sie am Zielort vorfanden. In dieser sukzessive weniger fremd werdenden Welt gab es viele gute Gründe, Güter zu bewegen: Ungleichverteilung von Ressourcen ebenso wie die Absicht, sozialen Beziehungen per Gabentausch Dauer zu verleihen, – und nicht minder den Reiz des Exotischen, den alle Dinge haben, die von weit her kommen.

Mit der Gründung von Pithekoussai war für die Griechen die Tür zum mediterranen Westen aufgestoßen: Siedler aus Chalkis gründeten gegenüber von Ischia auf dem Festland um 750 v. Chr. Kyme, mit Naxos entstand 734 v. Chr. die erste griechische Niederlassung auf Sizilien, 733 v. Chr. folgte Syrakus und dann in rascher Folge Zankle (Messina, 730 v. Chr.), Katane (Catania) und Leontinoi (Lentini, 729 v. Chr.) und Megara Hyblaia (728 v. Chr.); vom kleinasiatischen Milet gingen ab dem 7. Jh. v. Chr. Stadtgründungen rund um das Schwarze Meer aus. Der Prozess, der in der Forschung – eigentlich anachronistisch, denn mit modernem Kolonialismus hatte die Migrationswelle nichts zu tun – «große griechische Kolonisation» heißt, war gegen 500 v. Chr. so gut wie abgeschlossen; ein Jahrhundert später konnte Platon mit Fug und Recht sagen, die Griechen säßen um das Mittelmeer «wie Frösche um einen Teich» (Platon, *Phaidon* 109 b).

Die «Kolonisation» ließ nicht nur die bis dahin peripheren, kaum urbanisierten Teile des Mittelmeer- und Schwarzmeerbeckens Anschluss an die soziale und technologische Entwicklung in der Ägäis finden, sondern wirkte auch auf Griechenland selbst zurück: Die Griechen lernten, dass die politische Organisation ihrer Gemeinden durch Menschen plan- und regelbar war; sie kamen mit anderen Kulturen und ihren Innovationen in Berührung; sie knüpften Kontakte, die den Horizont ihrer wirtschaftlichen Aktivitäten beträchtlich erweiterten; und sie verwandelten das Mittelmeer tatsächlich in Platons «Teich», indem sie das zuvor grenzenlos scheinende Unbekannte geo graphisch erschlossen und kartierten. So trug die griechische Migrationswelle elementar zum «Könnensbewusstsein» (Christian Meier) bei, das die Griechen ab dem 6. Jh. v. Chr. auszeichnete.

Bezogen auf die antik-mediterrane Oikumene stiegen Poleis wie Korinth und Athen zu Global Players auf, die – wiederum in der Nachfolge der Phönizier – ein enormes Einzugsgebiet mit Luxuswaren belieferten und Nachahmer fanden: Man denke an die hochwertigen schwarzfigurigen Vasen, die, ausgehend von Athen, vom späten 6. Jh. v. Chr. bis zum Anbruch des Hellenismus für die gesamte griechische Welt Maßstäbe setzten. Der Attische Seebund, den Athen schrittweise in ein politisches Hegemonialsystem verwandelte, spiegelte und sekundierte im 5. Jh. v. Chr. die ökonomische Vormachtstellung der Stadt (S. 88 f.). Der chronischen Rechtlosigkeit im zwischenstaatlichen Raum begegnete Athen, wie andere Poleis auch, mit dem Instrument der Proxenie. Proxenie erhob, dem modernen Konsularwesen nicht unähnlich, möglichst hochrangige Bürger fremder Städte gewissermaßen zu kollektiven Gastfreunden der Polis Athen. Als Gegenleistung für die Wahrnehmung ihrer Interessen erhielten sie von den Athenern Privilegien. Wie Proxenie im Detail funktionierte, enthüllt ein Ehrendekret für den sidonischen König Straton, der um 367 v. Chr. per Volksbeschluss zum Proxenos der Athener erhoben wurde. Dafür, dass Straton den in seiner Stadt Handel treibenden Athenern Rechtssicherheit gewährte, stellte man ihm eine Stele auf und erließ allen Sidonern die von Nichtbürgern zu entrichtende Fremdensteuer, das *metoíkion*. Um Missbrauch vorzubeugen, erhielten reisende Athener und Sidoner Reisepässen vergleichbare Identifikationsmarken (HGIÜ Nr. 229).

Das Zeitalter, in dem Stadtstaaten, Poleis, die politische Landschaft des Mittelmeerraums prägten, ging mit dem Aufstieg Makedoniens ab der Mitte des 4. Jh.s v. Chr. zu Ende. Die makedonische Machtentfaltung mündete in die feindliche Übernahme des persischen Achaimenidenreichs durch Alexander den Großen und schließlich in die hellenistischen

Territorialmonarchien, die zugleich große, mehr oder weniger zusammenhängende Wirtschaftsräume waren, mit den Königen und imperialen Eliten als eminent potenten ökonomischen Akteuren. Vorderasien, das mediterrane Europa und Nordafrika bildeten seitdem eine Kontaktzone von zuvor nicht gekannter Dichte – eine Zone, in der Güter, Menschen und Ideen sich in schnellen Rhythmen hin- und herbewegten. Schon seit dem 6. Jh. v. Chr. war Karthago zur politischen und wirtschaftlichen Vormacht im westlichen Mittelmeer herangereift. Rom griff, während Alexander erobernd gen Osten zog, nach der Hegemonie über Italien. Mit den hellenistischen Staaten und Karthago entstanden präzedenzlos dichte Interaktionsräume, in denen Heere und Flotten für militärischen Schutz und Gesetze für Rechtssicherheit auf bis dato ungekanntem Niveau sorgten – und das bei drastisch sinkenden Reisezeiten: Sie betrugen dem älteren Plinius (*Naturgeschichte* 19, 3 f.) zufolge im 1. Jh. n. Chr. zwei Tage für die Strecke Ostia–Karthago, sieben für die Fahrt von Ostia nach Gibraltar, vier nach Tarraco (Tarragona), drei nach Narbo (Narbonne) und neun von Puteoli nach Alexandreia. Große römische Frachtschiffe, *corbitae*, die Ladungen bis 2500 Tonnen befördern konnten, durchpflügten das Mittelmeer mit einer Geschwindigkeit von maximal sechs Knoten. Auch politisch vollendete das Imperium der Römer, die bis 30 v. Chr. Karthago und den größten Teil der hellenistischen Staatenwelt erobert hatten, die Formierung der Oikumene: Mit gutem Recht konnten die Römer das Mittelmeer *mare nostrum* nennen.

Ex Oriente

Mit den Imperien entstanden seit dem Hellenismus Konsumenteneliten, die über ein enormes Sozialprestige, zuvor nicht gekannte finanzielle Möglichkeiten und ein entsprechend hohes Repräsentationsbedürfnis verfügten. Angefangen mit den hellenistischen Königen und römischen Kaisern über deren unmittelbares Umfeld bei Hofe und immens reiche Großgrundbesitzer bis hin zu vermögenden römischen Rittern verlangte es alle nach Gütern, die entweder extrem teuer in der Herstellung oder innerhalb der vorderasiatisch-mediterranen Kontaktzone nicht zu beschaffen und deshalb selten waren: Edelmetalle und -steine natürlich, Bernstein, blondes Frauenhaar aus Germanien, Parfüms und Salben, Elfenbein, Purpur, Weihrauch, Gewürze und Seide. Die mediterranen Imperien waren nicht nur politische Machtzentren, sondern auch gigantische Märkte für Luxus- und Prestigegüter.

Namentlich Seide und exotische Gewürze stammten aus Regionen, die in vorhellenistischer Zeit nicht in Kontakt zur Mittelmeerwelt gestanden hatten. Pfeffer war schon Hippokrates um 400 v. Chr. als Heilmittel bekannt, doch gewann der Import von Gewürzen aus Indien wohl erst mit Alexander dem Großen an Bedeutung. Noch wichtiger war Seide: In China setzte die Seidenweberei bereits im 4. Jt. v. Chr. ein. Vereinzelt gelangte der edle Stoff zwar schon früh in den Westen. So fanden sich Seidenreste in einem Grab im ägyptischen Tal der Könige, das ins 11. Jh. v. Chr. datiert. Doch entstanden Manufakturen, die Seidentextilien in großem Stil herstellen konnten, erst gegen Ende der «Zeit der Streitenden Reiche» (475–221 v. Chr.). Seide, die zuvor vorwiegend als Rohstoff zur Herstellung anderer Güter verwendet worden war, wurde nun in China zu einem Prestigegut ersten Ranges, dessen Erwerb nur den höheren Ständen gestattet war. Vor allem Han-Kaiser (ab 206 v. Chr.) nutzten Seidengewänder als Gaben an fremde Fürsten; eine von dem Kaiser Han Wudi (141–87 v. Chr.) entsandte diplomatische Mission unter dem General Zhang Qian erreichte um 130 v. Chr. Daxia (Baktrien) und Anxi (Parthien), von wo ihn Berichte auch über Tiaozhi (Mesopotamien) erreichten. Umgekehrt war den Griechen seit dem Alexanderzug Seide (*sērikón*) bekannt, die Alexanders Admiral Nearchos als Haut der Chinesen (*Sêres*) deutete – beides leitete sich von dem chinesischen Wort für Seide (*sī*) ab.

Kaum zufällig fiel der Boom in der chinesischen Seidenherstellung chronologisch exakt mit dem Siegeszug imperialer Mächte im Westen und der Wiederentdeckung des Seewegs nach Indien zusammen. Trotz der Alexanderexpedition gelangten orientalische Waren nur in kleinsten Mengen über unzählige Zwischenstationen in den Westen, bis im 2. Jh. v. Chr. die Entdeckung der Monsunpassage im Indischen Ozean die Tür weit aufstieß. Die hellenistischen Territorialmonarchien der Seleukiden in Vorderasien und der Ptolemaier in Ägypten hatten seit dem späten 4. Jh. v. Chr. die Erforschung ihres geographischen Umfelds energisch vorangetrieben. Laut Plinius (*Naturgeschichte* 6, 58) segelte ein gewisser Dionysios von Ägypten aus um Arabien nach Indien – auf einer Route, die bereits um 515 v. Chr. der persische Offizier Skylax benutzt haben soll. In der zweiten Hälfte des 2. Jh.s v. Chr. fuhr Eudoxos von Kyzikos im Auftrag Ptolemaios' VIII. erneut gen Indien und machte mit dem Monsun (*Hippalus* bzw. *Hýpalos*) Bekanntschaft, den bereits die Anrainer des Indischen Ozeans für ihre maritimen Unternehmungen zu nutzen verstanden. Durch Eudoxos' Entdeckung fanden die mediterranen Zivilisationen Anschluss an das verzweigte Handelsnetz, das im Indischen Ozean bereits seit langer Zeit existierte und dessen Konturen erst allmählich durch archäologische Feldforschung zum Vorschein kommen – ein System, an dem Händler aus Afrika, Arabien, Iran, Indien und Indonesien Anteil hatten, lange bevor Eudoxos von Ägypten aus in See stach.

Von der Entdeckung der Monsunpassage berichtet der *Periplus Maris Erythraei*, ein bemerkenswerter Text aus dem 1. Jh. n. Chr. Bei der «Umschiffung des Roten Meeres» handelt es sich in Wahrheit um viel mehr: eine genaue Beschreibung der wirtschaftlich interessanten Seerouten nach Ostafrika und Indien sowie der Häfen, in denen Seeleute unterwegs haltmachen konnten. Ausgehend von den ägyptischen Rotmeerhäfen Myos Hormos («Maushafen») und Berenike wird die Route durch das Rote Meer und den Bab al-Mandeb, dann durch den Golf von Aden beschrieben. Dort zweigt nach Süden eine Route ab, die bis nach Rhapta im heutigen Tansania führt, «wo es Elfenbein zuhauf gibt». Östlich verläuft der Weg weiter entlang der Südküste der Arabischen Halbinsel, wo er sich abermals gabelt: in eine küstennahe Nordroute nach Nordwestindien, zum Königreich Nambanos, von wo ein Landweg ins ferne Thinai

(China) führt, «woher Rohseide und Seidengarn und Seidenkleider» kommen; die Südroute hingegen führt quer durch den Indischen Ozean nach Muziris im heutigen indischen Bundesstaat Kerala. Muziris ist auf der spätantiken Tabula Peutingeriana verzeichnet, laut der sich in der südindischen Stadt ein *templum Augusti* befand. Ferner berichten tamilische Texte aus dem 2. Jh. n. Chr. von Aktivitäten einer Gruppe, die sie *Yavana* nennen: *Yavana* leitet sich fast sicher von *Íōnes* – «Ionier» – ab, bezeichnet also Leute, die Griechisch sprachen. *Yavana* sollen demnach nicht bloß Seehandel getrieben und Gold nach Indien im- sowie Pfeffer in den Westen exportiert haben, sondern sich auch als Kaufleute und Handwerker entlang der indischen Westküste angesiedelt haben. In Muziris schloss sich ein weiterer Seeweg über Ceylon bis nach Bengalen an. Der *Periplus* verzeichnet Elfenbein, Perlen, Stoffe und Gewürze, aber auch Eisen und Stahl als Handelsgüter, die in Indien erhältlich waren.

Wer sollte all das bezahlen – und womit? Der *Periplus* nennt Oliven und Olivenöl, Wein, Getreide, Glas, Metalle und Textilien, die als Exportgüter aus dem Westen nach Indien gelangten. Hingegen kritisiert der ältere Plinius (*Naturgeschichte* 12, 84) die negative Handelsbilanz, die der Import von Luxusgütern Rom im 1. Jh. n. Chr. beschert habe: «100 000 Sesterzen rauben Indien, die Chinesen und jene Halbinsel [Arabien] Jahr für Jahr unserem Imperium: So viel kosten uns unser Luxus und unsere Frauen.» Tatsächlich fanden sich zahlreiche kaiserzeitliche Münzen in Südindien und Ceylon, etliche auch in China und selbst noch in Japan. Doch scheinen archäologische Funde in ganz Süd- und Ostasien mittlerweile auch nahezulegen, dass Erzeugnisse aus dem Mittelmeergebiet bei den Eliten in Indien und China hoch im Kurs standen, vor allem Glas, Öl und Wein, aber auch hochwertige Keramik und selbst *garum* (S. 68 f.). Vermutlich war also die Bilanz des Warenverkehrs mit dem Osten ausgeglichener als Plinius, der gezielt Vorurteile gegen den um sich greifenden Luxus bedient, glauben machen möchte.

Drehscheibe des Orienthandels war im Hellenismus und in der frühen Kaiserzeit Ägypten. Schon in vorhellenistischer Zeit besaß das Nilland Häfen am Roten Meer; vermutlich wurden Leukos Limen («weißer Hafen») und Myos Hormos von den Ptolemaiern lediglich mit griechischen Namen versehen; eine Neugründung war Berenike, von dem Strabon (17, 1, 44 f.) schreibt, durch seine Gründung habe sich die Passage über das Rote Meer bedeutend verkürzt. Der Geograph berichtet auch, von Myos Hormos aus seien in augusteischer Zeit jährlich 120 Schiffe gen Indien in See gestochen (2, 5, 12). In die Mitte des 2. Jh.s n. Chr. datiert ein griechischer Papyrus mit einem im indischen Muziris geschlossenen Darlehensvertrag, einschließlich der von dort nach Alexandreia zu wählenden Route, auf der Vorderseite und Notizen des Kaufmanns über den Wert der zu verzollenden Waren auf der Rückseite: Die Ladung (genannt werden unter anderem 4700 Pfund Elfenbein und 790 Pfund Textilien) hatte einen Gesamtwert von sage und schreibe 7 Millionen Drachmen. Das war eine stolze Summe, bedenkt man, dass ein römischer Legionär pro Jahr 100 Denare (= Drachmen) Sold bezog, der Wert der Ladung also dem Jahressold von 70 000 römischen Soldaten entsprach.

Um die Zeitenwende erwuchs den ägyptischen Seehändlern Konkurrenz durch einen «Hafen», der nicht am Meer, sondern mitten in der Wüste lag: Palmyra. Die Oasenstadt fand bereits in den Mari-Texten und im Alten Testament als Tadmor Erwähnung, doch stieg sie, soweit erkennbar, erst in hellenistischer Zeit zu einer bedeutenden Siedlung auf. Vermutlich stimuliert durch den Fernhandel zog die Stadt auf halbem Weg zwischen Euphrat und Mittelmeer eine stetig wachsende Bevölkerung und erheblichen Reichtum an, der ab dem 1. Jh. n. Chr. die Errichtung so prunkvoller Bauwerke wie des zentralen Bel-Tempels, einer kilometerlangen Kolonnadenstraße und eines großzügig dimensionierten Theaters erlaubte. Die Bevölkerung bestand aus sesshaft gewordenen Nomaden, die in der Stadt ihre Stammesidentitäten keineswegs abstreiften. Die Bindungen zwischen Palmyra und den Steppennomaden blieben eng, die Viehzüchter in das institutionelle Gefüge der Oasenmetropole integriert. Vor allem die Eliten, die an der Spitze der Stämme und Clans standen, verklammerten Stadt und Steppe, die auch wirtschaftlich durch ihr gemeinsames Interesse am Fernhandel zusammengehalten wurden.

In der Regie der palmyrenischen Kaufleute lag in seiner ganzen Länge der Fernhandelsweg, der von Antiocheia und Laodikeia am Mittelmeer über die Oase Tadmor bis zum Euphrat, an diesem entlang bis nach Spasinou Charax am Schatt al-Arab und von dort durch Persischen Golf und Indischen Ozean bis zu den Hafenstädten an Indiens Westküste führte. Die Route verlief durch die von Nomaden bevölkerte Syrische Wüste und durch parthisches Territorium; und obwohl Rom und das Arsakidenreich meist im kalten, nicht selten auch im heißen Krieg lagen, stand den Kaufleuten aus Palmyra, formal eine Stadt des Römischen Reiches, die Passage durch das Partherreich stets offen. Die wirtschaftlich potenten und diplomatisch wendigen Palmyrener nutzten virtuos die Spielräume, die der ethnisch-kulturell wie politisch nie ganz eindeutige Grenzsaum zwischen den Imperien bot.

Jahr für Jahr verließ eine Karawane Palmyra, um sich auf den mühsamen und gefahrvollen Weg nach Spasinou Charax am Persischen Golf zu begeben. Dass sich den Kaufleuten durchaus Hindernisse in Gestalt feindlicher Nomaden und kooperationsunwilliger parthischer Funktionsträger in den Weg stellen konnten, beweisen die zahlreichen sogenannten Karawaneninschriften: Inschriften im öffentlichen Raum Palmyras, die ursprünglich Statuen beigegeben waren, mit denen die Kaufleute Honoratioren ehrten, die ihnen mit Geld und Einfluss geholfen hatten. Diese Männer, nicht die Kaufleute, waren die eigentlichen Hauptakteure des Fernhandels. Dessen kolossale Erträge flossen direkt in die Taschen der Stammesältesten und Clanoberhäupter, die das öffentliche Leben in Palmyra beherrschten. Patronage war der Kitt, der das System Palmyra politisch und wirtschaftlich zusammenhielt. Einer der großen palmyrenischen Patrone, Septimius Odaenathus, avancierte gar zum Retter Roms, als mit der Niederlage des Kaisers Valerian gegen die Perser (260 n. Chr.) die römische Herrschaft im Orient zusammenzubrechen drohte.

Der Fernhandel mit Indien war an unabänderliche natürliche

Parameter geknüpft: die Landrouten durch unbarmherzige Trockenzonen an den Zyklus der Vegetation, die Seewege an den Zyklus der Monsunwinde. Deshalb machten sich die Seeleute im späten Herbst oder frühen Winter aus Indien auf. Auf der Palmyra-Route segelten sie Anfang November los, um Anfang März den Persischen Golf bei Spasinou Charax zu erreichen, wenn die Weiden grün waren und die Lasttiere Nahrung vorfanden. In Spasinou Charax wurden die Waren verzollt und auf Kamele verladen, die sie, entlang des Euphrat und durch die Syrische Wüste, bis Palmyra brachten; von dort transportierten andere Kaufleute sie Richtung Mittelmeer, wo sie im Frühjahr eintrafen. Der Weg nach Indien begann im zeitigen Frühjahr, wenn der Euphrat viel Wasser führte und schiffbar war; im Indischen Ozean nutzten die Seeleute den Sommermonsun für die Passage nach Indien. Waren, die über Ägypten transportiert wurden, erreichten Alexandreia erst im Herbst, weil die Kaufleute im oberägyptischen Koptos einen Sommer lang auf das Nilhochwasser warten mussten. Das zeitversetzte Eintreffen der Handelsgüter in Antiocheia bzw. Alexandreia sicherte den stetigen Zufluss an orientalischen Luxuswaren, nach denen im Westen das ganze Jahr über Nachfrage bestand.

Über Palmyra und das Rote Meer stand die römische Welt direkt mit dem Indischen Ozean und seinen Anrainern in Kontakt; dort überschnitten sich die östlichsten Ausläufer des mediterranen Netzwerks mit anderen regionalen Systemen, die ihre Fühler bis nach Japan, in die Mongolei, nach Indochina, Indonesien und sogar Ozeanien ausstreckten. Zugleich trieben römische Kaufleute Handel mit dem Baltikum, von wo, entlang der Weichsel und durch die Mährische Pforte, auf der sogenannten Bernsteinstraße das Gold der Ostsee nach Italien und in andere Teile der Mittelmeerwelt gelangte. So erstaunlich die Entfernungen sind, über die Menschen und Güter reisten, während in Rom die Kaiser herrschten – die Frage bleibt: Sind Bernsteinschmuck, Fragmente von Seidenkleidern, Amphorenscherben und Schiffswracks allesamt Zeugen ökonomischer Globalisierung? Schufen die transportierten Waren sowie die Menschen, die sie verschifften und nachfragten, schuf ihr Konsumverhalten eine Weltwirtschaft, die diesen Namen auch verdient? Wer so fragt, muss weiter ausholen – der Transfer von Luxusgütern und der private Luxus der buchstäblichen oberen Zehntausend machen noch keine globale Wirtschaft, in der entfernte Regionen aufs engste miteinander verflochten sind, so eng, dass sie nicht mehr ohne einander bestehen können. Deshalb hat in den folgenden Kapiteln die Leistungsfähigkeit antiker Wirtschaften auf dem Prüfstand zu stehen: die Effizienz von Arbeit (Kapitel IV), das Funktionieren von Institutionen (Kapitel V) und die Bedeutung von Kapital (Kapitel VI).

IV. Arbeit

Wenn sich Güter wie Seide und Pfeffer schon im Hellenismus um den halben Globus bewegten, nahmen die wenigsten Menschen davon Notiz. Sie fristeten ihre Existenz in der überwältigenden Mehrheit in der Landwirtschaft: ob als freie Kleinbauern, die auf eigenem Hof Subsistenzwirtschaft betrieben, als Sklaven auf einem Großgut oder, vor allem ab der mittleren Kaiserzeit, als halbfreie Pächter, die an die Scholle des Grundherrn gefesselt waren. Andere waren Handwerker, die mit wenigen Sklaven ihre kleine Werkstatt betrieben, wieder andere schufteten in Bergwerken und Steinbrüchen. Die meisten Menschen produzierten für ihren eigenen Bedarf oder für lokale Märkte, nicht für den Fernhandel.

téchnē: Wie man Dinge herstellt

Dass man seinen Lebensunterhalt auch anders verdienen konnte, hatten in der Eisenzeit die Phönizier vorgemacht. In ihre Fußstapfen traten als Hersteller gediegenen Kunsthandwerks die Griechen. Sie ersannen einen preiswerteren Ersatz für das phönizische Tafelgeschirr aus Edelmetall: Bemalte Glanztonware, die sich stilistisch zunächst noch eng an die metallenen

Vorbilder anlehnte, trat an die Stelle der Importe. Eine Pionierrolle spielte Korinth, dessen schwarzfigurige Feinkeramik im 6. Jh. v. Chr. auf den Tischen aristokratischer Häuser rund ums Mittelmeer stand und das außerdem Waffen und Parfüms exportierte. Später, gegen 550 v. Chr., löste Athen die Rivalin Korinth als wichtigstes Produktionszentrum für erst noch schwarz-, dann rotfigurige Keramik ab. Die schwarzfigurigen Vasen aus Korinth sind die ersten Objekte der Geschichte überhaupt, die sich individuellen Herstellern zuordnen lassen, von denen wir einige sogar namentlich kennen. Unmissverständlich künden die signierten Stücke vom Stolz der Handwerker auf ihre Arbeit, ungeachtet des geringen Sozialprestiges, das ihre Hersteller als teilweise wohl sogar unfreie *bánausoi* genossen.

Geschätzte 200 Personen arbeiteten gegen Ende des 6. Jh.s v. Chr. im Feinkeramikgewerbe Athens: Töpfer und Maler sowie ihre Gehilfen. Ihr Anteil an der Gesamtbevölkerung der Stadt wird kaum mehr als ein Prozent betragen haben, aber sie produzierten den bei weitem größten Teil dessen, was Attika exportierte. Produziert und verkauft wurde im *ergastḗrion*, der Werkstatt. Die meisten dieser Werkstätten, allesamt Kleinbetriebe, konzentrierten sich im Stadtteil Kerameikos, für den die Töpfereien namensgebend wurden. Auch Korinth hatte seinen ‹Kerameikos›, ein Töpferquartier, das in der Nähe von vorzüglichen Tongruben lag und von dem aus auch Ackerland gut erreichbar war: Offenbar waren viele der Töpfer hier Teilzeithandwerker, die der Feldarbeit noch nicht gänzlich den Rücken gekehrt hatten. Die Herstellung von Keramik erforderte zwar zumindest für bestimmte Tätigkeiten qualifizierte Arbeitskräfte, technologisch basierte sie aber noch immer auf einer Erfindung der frühen Bronzezeit: der Töpferscheibe. Auch kamen die Betriebe mit einem Minimum an Arbeitsteilung aus. Töpfer fertigten die Gefäße auf der Töpferscheibe, Maler trugen die Bilder auf, Gehilfen arbeiteten an den Öfen und im Lager.

Schon voraussetzungsreicher war das phönizische Handwerk. Es hing von der Verfügbarkeit seltener Rohstoffe ab, die, wie Elfenbein und Edelmetalle, aus entlegenen Bezugsquellen erst herbeigeschafft oder, wie die aus der Murexschnecke gewonnene Purpurfarbe, mühsam hergestellt werden mussten. Die Schnecken, die vor der levantischen Küste zahlreich vorkamen, wurden in Reusen lebend gefangen; jeder einzelnen wurde der Drüsenkörper entnommen, mit dem die Schnecke ein weißliches Sekret absondert, das durch Salzen und Kochen in aufwendiger Prozedur in die farblose Tinktur verwandelt wurde, mit der man die Textilien tränkte. Erst dadurch, dass man die Stoffe dem Sonnenlicht aussetzte, entstand die purpurne Farbe. Tausende Schnecken und Hunderte Arbeitsstunden waren nötig, um ein Kilogramm Wolle zu färben.

Purpurstoffe bezogen ihren Wert als Statussymbol aus ihrem sündhaft hohen Preis: Noch im frühen 4. Jh. n. Chr. führte Purpurseide mit 150 000 Denaren das Pfund die Liste der in Diokletians Preisedikt (S. 84–68) aufgeführten Waren an. Damit war sie für die breite Masse überall unerschwinglich – und entsprechend begehrt bei den oberen Zehntausend. Doch nicht immer erschloss sich der Wert einer Sache so leicht. Vor allem wenn Kunst im Spiel ist, gehen ja die Meinungen darüber, was schön, edel und teuer ist, oft auseinander. So fragten denn auch etruskische Eliten andere Motive nach als griechische, assyrische Aristokraten wieder andere, und keltische Stammesführer hatten ihrerseits eigene Vorlieben. In gewissen Kreisen standen die Erzeugnisse ganz bestimmter Werkstätten hoch im Kurs, und die Hersteller hatten sich auf ihre Absatzgebiete einzustellen. So war zum Beispiel Nikosthenes, der Betreiber einer Töpferwerkstatt im Athen des späten 6. Jh.s v. Chr., auf Waren spezialisiert, die für den Export nach Etrurien bestimmt waren. Immerhin gab es einen universellen Kanon von Themen, der von Mesopotamien bis zur Iberischen Halbinsel galt und um typisch aristokratische Lebensbereiche kreiste, vor allem Jagd und Krieg.

Doch nicht in alle Fertigerzeugnisse wurde soviel Aufwand, Hingabe und Können investiert wie in die bemalte Feinkeramik der archaischen und klassischen Zeit. Am anderen Ende der Skala standen gleichsam proto-industriell hergestellte Objekte, die ohne größeren Aufwand in beträchtlicher Stückzahl produziert werden konnten und Verbreitung auch in Schichten fanden, die nicht zum engeren Kreis der Elite gehörten. Schon im späten 6. Jh. v. Chr. wurden in Korinth Terrakottafigurinen, sogenannte Koroplastiken, in Serie produziert, indem Tonrohlinge in Hohlformen gepresst wurden. Nur für das Herstellen der Formen wurden qualifizierte Handwerker benötigt, die Fertigung der eigentlichen Figuren und wohl auch ihre Bemalung konnten angelernte Kräfte erledigen. Besonders im Hellenismus erfreuten sich die nach einem Fertigungszentrum in Boiotien auch Tanagra-Figuren genannten Statuetten die vorwiegend Frauen der vornehmen Gesellschaft darstellten, großer Beliebtheit. Verwendung fanden die Statuetten, die das Schönheitsideal der Zeit verkörperten, als Grabbeigaben und vermutlich als Votivgaben sowie Talismane. Die im gesamten Mittelmeerraum anhaltende Nachfrage befriedigten Manufakturen unter anderem in Alexandreia, Tarent, auf Sizilien und in Kleinasien. Die Tanagra-Figuren sind ein frühes Beispiel für ein Massenerzeugnis, das sich, ausgehend von wenigen Produktionsstätten, über die gesamte Mittelmeerwelt verbreitete.

Die Erfolgsgeschichte der boiotischen Terrakotta-Figurinen schrieb in römischer Zeit das seit ungefähr 50 v. Chr. weithin verbreitete rotglänzende Tafelgeschirr fort, das die Forschung heute als «Terra Sigillata» bezeichnet. Es handelt sich um eine feine, bisweilen glatte, häufig aber mit figürlichen Reliefs dekorierte Ware, die vor dem Brennen in einen Glanztonüberzug getaucht wurde. Die Technik stammte aus dem Osten, wo im Raum um Antiocheia im 2. Jh. v. Chr. erstmals die sogenannte «Eastern Sigillata» aufkam. Mitte des 1. Jh.s v. Chr. wurde das etrurische Arretium (Arezzo) zum Zentrum der Terra-Sigillata-Produktion. Wie die neue Technik nach Mittelitalien gelangte, ob durch einwandernde Töpfer oder durch Kopieren der östlichen Vorbilder, wissen wir nicht; jedoch erfreute sich die repräsentative und trotzdem, auch dank effizienter Fertigungsverfahren, erschwingliche Ware bald großer Beliebtheit im gesamten römischen Westen.

Viele der Gefäße erhielten von ihren Herstellern einen Stempel, der wohl auch die Wiedererkennbarkeit bestimmter «Marken» sicherstellen sollte. Heute lassen sich anhand der Stempel etwa 110 Werkstätten im frühkaiserzeitlichen Arretium identifizieren; datierte Funde aus den germanischen Legionslagern Haltern und Oberaden erlauben es, die Waren chronologisch zuzuordnen. Während die glatten Gefäße lediglich den Stempel der Manufaktur trugen, erhielten reliefverzierte Waren zusätzlich die Signatur des Töpfers: Männer wie Nicephorus, Philemo und jener Cerdo, der um 30 v. Chr. als Erster die Reliefverzierungen mit ihren meist der Mythologie entnommenen Themen auf den Terra-Sigillata-Gefäßen aufbrachte, waren Sklaven. Sie alle stammten wohl aus dem griechischsprachigen Osten.

Cerdo und seinesgleichen waren hochqualifizierte Spezialisten, die nicht nur technisches Know-how und künstlerische Kreativität besaßen, sondern auch solide Kenntnisse der griechischen Mythologie. In manchen Werkstätten arbeiteten gleichzeitig Dutzende dieser gewiss immens teuren Experten, denen eine noch weit größere Zahl an einfachen Töpfern, Malern und Brennern zuarbeitete. Entsprechend viel Kapital muss die Terra-Sigillata-Produktion gebunden haben, so dass offensichtlich Betriebe dazu übergingen, Anlagen wie Brennöfen und vielleicht sogar Arbeitskräfte miteinander zu teilen. So jedenfalls könnte man Signaturen deuten, die einzelne Töpfer als Sklaven zweier Herren ausweisen. Viele der namentlich bekannten Töpfer blieben der Branche auch nach ihrer Freilassung treu. Die Arbeit an den Drehscheiben und Brennöfen war also auch für freie Arbeitskräfte durchaus lukrativ.

Vor allem in Gallien, das Caesar bis 50 v. Chr. unterworfen hatte, war die Arretina, wie die Feinkeramik in der Antike hieß, bald ein begehrtes Statussymbol auf den Tischen der lokalen Oberschicht. Schon um 30 v. Chr. war das Geschirr aus Arretium in ganz Gallien verbreitet. Kaum zehn Jahre später schossen Töpfereien, die sich auf die Herstellung von Terra Sigillata spezialisiert hatten, vor allem im Südwesten Galliens wie Pilze aus dem Boden: Narbonne, Bram, Montans und vor allem La Graufesenque wurden zu Zentren der lokalen Produktion. Viele der neuen Betriebe mögen als Zweigwerke italischer Manufakturen entstanden sein wie die Werkstatt in Lyon-La Muette, die zum Besitz des Arretiners Ateius gehörte.

Zuerst bemühten sich die gallischen Produzenten um eine

möglichst originalgetreue Nachahmung der italischen Waren, die ihnen bis zur Zeitenwende auch problemlos gelang. Dann jedoch emanzipierte sich die gallische Terra Sigillata stilistisch von ihren Vorbildern und begann stärker aus dem Formen- und Dekorrepertoire der lokalen Tradition zu schöpfen. Dadurch entstand ein neuer, charakteristisch gallischer Sigillata-Stil, der bald auch über Gallien hinaus – in Spanien, Germanien, Britannien und im Donauraum – Verbreitung fand und im 1. Jh. n. Chr. sogar in Italien den aretinischen Waren Konkurrenz zu machen begann. Den Transport der Produktion erleichterten in Gallien die vielen schiffbaren Flüsse; so erreichte der gewaltige Ausstoß der Töpfereien kostengünstig seinen Bestimmungsort oder die Seehäfen der Mittelmeerküste, von wo die Keramik an ferne Küsten verschifft wurde. Dies und die leichte Verfügbarkeit des Rohstoffs Ton machten die gallischen Produzenten großräumig konkurrenzfähig.

Örtlich, um ergiebige Tongruben wie in La Graufesenque herum, entstand um die Zeitenwende eine regelrechte Monostruktur, mit Hunderten Töpfereien, die sich, ähnlich wie in Italien, gemeinsame Brennöfen teilten. Die Größe der Öfen, die hier errichtet wurden – sie waren bis zu vier Meter breit und drei Meter hoch –, zeigt, mit welchen Produktionszahlen man kalkulierte. Der gewaltige Ausstoß der Töpfereien war nur möglich, weil eine weitere Innovation den Arbeitsaufwand senkte: Die Gefäße wurden in Formen gepresst, so dass nur noch die Innenseite auf der Töpferscheibe geformt werden musste. Mehr Arbeitsteilung bedeutete auch hier geringeren Produktionsaufwand.

In La Graufesenque fand sich ein «Archiv» von ca. 30 Terra-Sigillata-Scherben, auf denen in einem lateinisch-keltischen Pidgin-Idiom Listen mit Töpfernamen, Gefäßtypen, Größen und Stückzahlen notiert waren. Obwohl die Texte nicht restlos entziffert sind, scheint doch festzustehen, dass es sich um Abrechnungen von einem Brennofenbetreiber handelt, der seine Öfen den Töpfern gegen Bezahlung zur Verfügung stellte. Anders als in Italien kamen in den gallischen Betrieben offenbar keine Sklaven zum Einsatz. Die Handwerker waren Freie und vermutlich sogar selbständige Kleinunternehmer, die im Wettbewerb mit den größeren Manufakturen Italiens zu bestehen wussten.

Während sich die lokale Produktion von Tafelgeschirr aus Terra Sigillata in Gallien immer mehr durchsetzte, verlor das Produkt, ausgehend von der Narbonensis und allmählich nach Norden ausstrahlend, seine Exklusivität und hielt, wie zuvor schon in Italien, Einzug in die Häuser einer wachsenden Mittelschicht. Tafelgeschirr *alla romana* war zwar im Gallien des 1. Jh.s n. Chr. noch nicht direkt «poor man's luxury» (Greg Woolf), doch bemühten sich Leute, die nicht zur Oberschicht zählten, nun gleichfalls, ihr Römischsein durch das zu dokumentieren, was man auf den Tisch brachte. Urbanisierung, Romanisierung, wirtschaftlicher Aufschwung und die Belebung des heimischen Handwerks waren, so betrachtet, unterschiedliche Facetten desselben Prozesses, den die römische Eroberung Galliens in Gang gesetzt hatte.

Analog wandelte sich auch die Bedeutung des Glases: Waren Glasgefäße noch in der Republik praktisch nur für Wohlhabende erschwinglich gewesen, gelangte das transparente Material ab der frühen Kaiserzeit auch auf Massenmärkte. Grund waren die Erfindung des Blasrohres und Verbesserungen bei der chemischen Zusammensetzung des Werkstoffs, die es erlaubten, auch größere Gefäße kostengünstig herzustellen. Meister des Glasbläserhandwerks konnten mit ihrer Kunst zu einigem Wohlstand gelangen, wie das Grabmal des Glasherstellers Iulius Alexander aus Lyon beweist.

In Griechenland und auch noch in Rom war das Handwerk überwiegend die Domäne kleiner, autonom wirtschaftender Betriebe, in denen der Eigentümer, seine Familienangehörigen und vielleicht einige Sklaven arbeiteten. Daneben gab es aber auch andere Eigentumsverhältnisse: Vor allem in kapitalintensiveren Branchen verpachteten die Besitzer oft Werkstätten an Subunternehmer, die sie dann entweder mit eigenen Arbeitskräften bewirtschafteten oder weiter verpachteten. Statt ihre Werkstätten durch Investitionen zu großen Manufakturen auszubauen, zogen es die Besitzer vor, als Kapitalrentner die Erträge abzuschöpfen. Speziell in der Textilherstellung existierten aber auch

Ansätze zu einem Verlagssystem. Wolle wurde erst von Sklavinnen zu Garn gesponnen, das dann von Webern in Heimarbeit zu Tuchen verarbeitet wurde. Das Engagement potenter Geldgeber, auch des Staates, war aber selbst in der römischen Kaiserzeit auf Sektoren beschränkt, in denen größere Investitionen zu tätigen waren: bei der Herstellung von Massenwaren wie Terra Sigillata, aber auch im Bergbau und in der Waffenproduktion.

Ressourcennutzung: Der Reichtum der Natur

Für Max Weber war die griechisch-römische Antike eine urbane Küstenkultur. Alle großen Ballungsräume der Antike lagen in der Nähe des *mare nostrum*. Entsprechend wichtig war die wirtschaftliche Ausbeutung des Meeres, und obwohl das Mittelmeer nicht zu den fischreichen Meeren dieser Welt zählt, war Fisch stets eine wichtige Ressource. Doch das Meer lieferte nicht nur Fisch, auch Salz wurde aus ihm gewonnen – und ohne Salz ließen sich Nahrungsmittel nicht haltbar machen. Fisch und Salz waren die Ingredienzien für *garum*. Vor allem im westlichen Mittelmeer, im heutigen Marokko und auf der Iberischen Halbinsel, aber auch in der Bretagne war die Produktion von Fischsoßen und überhaupt das Einsalzen von Fisch ein bedeutender Wirtschaftszweig, in den vor allem im 1. und 2. Jh. n. Chr. erhebliches Kapital floss, um enorme, auf Export ausgelegte Kapazitäten aufzubauen. Etliche dieser Anlagen konnten bereits archäologisch erforscht werden. Sie lassen erahnen, welches Volumen die Ausbeutung maritimer Ressourcen in der römischen Antike erreicht hatte. Die größten bislang ausgegrabenen Manufakturen, die Betriebe in Tróia (Setúbal, Region Lissabon, Portugal) und Plomarc'h (Douarnenez, Département Finistère, Frankreich), erreichen Kapazitäten von mehreren hundert Kubikmetern, doch waren die meisten Anlagen wesentlich kleiner. Offenbar waren auch in einer so wichtigen, auf Massenproduktion ausgerichteten Branche wie der Fischverarbeitung kleine und mittlere Betriebe die Norm, große, kapitalintensive Produktionsanlagen dagegen eher die Ausnahme.

Ein Wirtschaftszweig, den die imperiale Expansion Roms unmittelbarer ankurbelte als die *garum*- und Terra-Sigillata-Produktion, war die Förderung von Metallen in Bergwerken. Speziell mit der Edelmetallförderung verband sich die Staatsräson des Kaiserreichs auf das Engste. Soldaten bezahlte der Kaiser mit Geld, und Geld – oder doch das wichtigste Nominal der Prinzipatszeit, der Denar – bestand aus Silber. Der stete Zufluss dieses Metalls war deshalb unerlässlich, um die Soldaten bezahlen und so ihre Loyalität sicherstellen zu können. Der Abbau von Erzen war ab der frühen Kaiserzeit als staatliches Monopol organisiert: Kaiserliche Prokuratoren aus dem Ritterstand überwachten die Einnahmen aus den Bergwerken und beaufsichtigten ihren Betrieb, während noch in der Republik vereinzelt Minen in Privatbesitz gewesen waren. Teilweise kümmerten sich die Prokuratoren auch um die technischen Details der Erzförderung. Zwei Bronzetafeln aus dem portugiesischen Vipasca (bei Aljustrel) dokumentieren, wie zur Zeit Hadrians die örtlichen Prokuratoren das Minenareal in Kleinstparzellen an Subunternehmer, *conductores*, oder selbständige Bergleute, *coloni*, verpachteten, die Organisation des Bergbaus aber minutiös überwachten und praktisch alle Bereiche des Alltagslebens, von den Barbieren bis zu den Thermen, ihrer Kontrolle unterworfen hatten. Die *coloni* werden hauptsächlich ihre Arbeitskraft eingebracht haben; kapitalintensiv wird für sie das Engagement im Bergbau kaum gewesen sein. Einzelne Minen wurden von der römischen Armee für den Eigenbedarf ausgebeutet. Meist aber werden wohl größere Privatunternehmen die Bergwerke gepachtet und unter einer eher lockeren Oberaufsicht der kaiserlichen Beamten betrieben haben.

Eine einheitliche Organisation des Bergwerks- und analog des ebenfalls als kaiserliches Monopol verwalteten Steinbruchwesens gab es jedenfalls ebenso wenig wie eine zentrale «Behörde», die den Prokuratoren vorgesetzt war. Offenbar passte sich die kaiserliche Minenverwaltung flexibel den Gegebenheiten vor Ort an; die Organisationsform richtete sich nach der Verfügbarkeit von Arbeitskräften, den technischen Anforderungen und wohl auch dem Wert des abzubauenden Erzes. Schließlich waren die Abbaubedingungen von Fall zu Fall unterschiedlich: Oft ließen sich Erze im Tagebau gewinnen oder dadurch, dass man durch Zufuhr von Wasser, in der Regel über Aquädukte und Wasserleitungen, das Erdreich abspülte. Technisch aufwendiger war der Abbau unter Tage: Schächte und Stollen mussten von Hand gegraben werden, es gab kaum Licht, so gut wie keine Belüftung und allenfalls primitive mechanische Hilfsmittel, um Bergleute, Erz und Abraum aus dem Schacht zu befördern; oft verbrachten Bergleute auch die Nacht unter Tage, weil der Aufstieg zu beschwerlich gewesen wäre. Immerhin stand mit der Archimedischen Schraube ein Instrument zur Verfügung, um Grubenwasser aus dem Schacht abzuleiten. Ebenso wie Abbaubedingungen und Organisation variierte auch die Art der Arbeitskräfte von Fall zu Fall: Neben auf eigene Rechnung arbeitenden *coloni* wie in Vipasca kamen in größerem Umfang Sklaven und zur Arbeit in Bergwerken (*ad metalla*) Verurteilte zum Einsatz. Generell gilt, dass man den Bergwerken so viel Autonomie ließ, wie vertretbar schien.

Ähnlich war der Bergbau schon im klassischen Griechenland organisiert. Besonders lukrativ war die Ausbeutung der großen Silber- und Bleivorkommen in Laureion im südlichen Attika, wo unter dem Tyrannen Peisistratos im 6. Jh. v. Chr. viele Minen ihren Betrieb aufnahmen. Die Polis Athen verpachtete die Erzgruben an private Unternehmer, die hier, als der Bergbau im 5. und 4. Jh. v. Chr. seinen Höhepunkt erreichte, bis zu 30 000 Sklaven zum Einsatz brachten. Die unfreien Kumpel gehörten nicht alle den Bergwerksbetreibern, sondern waren zum Teil das Eigentum von Athener Bürgern, die aus der Vermietung ihrer Sklaven Rendite schöpften (Xenophon, *Über die Staatseinkünfte* 4, 13–51). So brachte es der Politiker Nikias, der 1000 Sklaven an den thrakischen Entrepreneur Sosias vermietete, auf einen Ertrag von einem Obolos pro Sklaven und Tag: Insgesamt nahm er im Jahr die ansehnliche Summe von zehn Talenten ein. Xenophons Ratschlag an die Athener lautete, die öffentliche Hand solle es den Privatleuten gleichtun, um durch die Vermietung öffentlicher Sklaven an Bergwerksunternehmer die maroden Staatsfinanzen zu sanieren.

Von der Prospektion und Erschließung von Erzlagerstätten bis zur Verhüttung war das Montangewerbe ein Wirtschaftssektor, der den Kapitalgebern einen langen Atem und erhebliche finanzielle und organisatorische Aufwendungen abverlangte. Viele Erzvorkommen lagen in der Antike noch dicht unter der Oberfläche. Dennoch mussten teilweise gewaltige Erd- und Gesteinsmassen bewegt werden. Technisch anspruchsvoller war die Förderung unter Tage: In Tiefen von bis zu 300 Meter stießen römische Bergleute in Spanien vor; sie bahnten sich ihren Weg durch das Gestein mit Schlägeln und Eisen, dem klassischen Handwerkszeug der Bergleute; das abgebaute Material trugen sie in Körben und Säcken aus dem Bergwerk. Wo senkrechte Schächte den Zugang zu den Stollen erschlossen, kamen Steigbäume, Winden und Flaschenzüge zum Einsatz.

Die geförderten Erze mussten sodann in handbetriebenen Mühlen zerkleinert, in Pfannen oder Rinnen gewaschen und auf Trockenböden getrocknet werden, um für die Verhüttung aufbereitet zu werden. Eine ganze Reihe von Erzwäschen konnten im Bergbaurevier von Laureion archäologisch erforscht werden. Die größten von ihnen maßen 13 mal 14 Meter und verfügten über große Zisternen, in denen das zum Waschen benötigte Wasser gesammelt wurde. Gewaschen wurde das Erz in einem mehrstufigen System aus Holzrinnen und Absetzbecken, in denen sich die schwereren Mineralien von leichteren Stoffen trennten.

Für die Verhüttung der Metallerze sind Temperaturen von zum Teil deutlich über 1000 Grad erforderlich, die in aus Ton errichteten oder mit Ton verkleideten Öfen erreicht wurden. Befeuert wurden die Öfen, in die schichtweise Erz und Brennmaterial eingefüllt wurde, mit Holzkohle, die ihrerseits in Köhlereien hergestellt werden musste. Holz war generell der wichtigste Brennstoff in der Antike; die Römer verfeuerten etwa in der frühen Kaiserzeit so viel Holz, dass die Luftverschmutzung erst in der Neuzeit wieder ein vergleichbares Niveau erreichte, wie Tiefbohrungen im arktischen Eis ergeben haben. Mit Holzkohle ließen sich mit entsprechenden Technologien die erforderlichen Brenntemperaturen erzielen, Blasebälge oder Kamine sorgten für die Sauerstoffzufuhr im Ofen.

Bergbau und Hüttenwesen setzten erhebliches technisches Know-how, arbeitsteilige Organisation sowie die permanente Verfügbarkeit von Energiequellen, Wasser und Arbeitskräften voraus. Ein Bergwerksbetreiber wie Sosias, der als Entrepreneur staatliche Minen pachtete und bewirtschaftete, konnte dort mehrere Tausend Sklaven einsetzen, und er war, wie uns Xenophon versichert, in Athen kein Einzelfall. In Gang gehalten wurde die Wertschöpfungskette aber auch im Montangewerbe letztlich durch eine große Zahl von kleinen und mittleren Unternehmern, die Transporte durchführten, Holzkohle lieferten, Erzwäschen betrieben, Prospektionsdienste leisteten und sogar, wie in Vipasca, das Schürfen übernahmen.

Von Schwertern ...

Die Metallgewinnung war nicht nur Voraussetzung für die Herstellung gemünzten Geldes, sondern auch deshalb von strategischer Bedeutung, weil Waffen überwiegend aus Metall bestanden. Wenn der römische Staat sich in einen Wirtschaftssektor lenkend einschaltete, dann in die Produktion von Rüstungsgütern für die Armee. In der Kaiserzeit entstand so allmählich ein regelrechter militärisch-industrieller Komplex, der andere Gewerbezweige in puncto Dynamik, Betriebsgröße und Effizienz weit in den Schatten stellte: Wenn die Kaiser sich in Wirtschaftsdinge einmischten, dann taten sie das, um die militärische Schlagkraft ihres Reiches zu erhöhen, nicht aus strukturpolitischen Erwägungen heraus. Noch mehr als bei der Terra-Sigillata-Produktion und im Montangewerbe kam es bei der Waffenproduktion auf standardisierte Serienfertigung an. Für die Beschaffung ihrer Waffen und Ausrüstungsgegenstände waren die römischen Legionäre, die dafür finanzielle Beihilfen vom Staat erhielten, selbst zuständig. Als militärische Fachleute, deren Überleben von ihrem Schild oder Schwert abhing, waren sie gewiss ebenso qualitäts- wie preisbewusst. Archäologische Funde zeigen, dass die kaiserzeitlichen Legionen Waffenfertigung und -reparatur in Eigenregie betrieben. Jedes Legionslager verfügte über einen eigenen Schwertschmied (*gladiarius*), der in seiner

Werkstatt (*fabrica*) entsprechende Arbeiten ausführen konnte. In vielen Lagern sind Gussformen und andere Gerätschaften ans Tageslicht gekommen, die auf Metallverarbeitung hindeuten.

Die Masse der Waffen stammte in der frühen Kaiserzeit noch aus privaten Kleinbetrieben, die sich oft im Umfeld von Militärlagern niederließen, in den *canabae legionis* und Kastellvici der Auxiliareinheiten. Auch im Hinterland, wo Soldaten rekrutiert und ausgebildet wurden, gab es Zentren der Waffenproduktion: Gut erforscht sind die Schmieden der augustuszeitlichen Siedlung am Magdalensberg in Kärnten (Provinz Noricum), die in der Nähe bedeutender Eisenerzvorkommen (*ferrum Noricum*) lag. Unter anderem stellte man hier Helme, Schwertscheiden, Gürtel und Brustpanzer her. In einer zivilen Siedlung auf dem Auerberg in Kärnten fanden sich tönerne Gussformen für Spannringe, wie sie bei Torsionsgeschützen Verwendung fanden.

In der Spätantike übernahm dann aber die Armee die Herstellung von Waffen in eigener Regie. Überall im Reich entstanden Dutzende Waffenmanufakturen, die auf bestimmte Waffen und Gerätschaften spezialisiert waren: Die *Notitia Dignitatum* nennt unter anderem eine Manufaktur für Bögen (*arcuaria*) in Ticinum (Pavia), eine *hastaria*, in der Lanzen hergestellt wurden, im kilikischen Eirenopolis und eine Produktionsstätte für Geschosse in Iulia Concordia im Veneto, das daher noch heute Concordia Sagittaria heißt. Archäologisch erforscht ist keine dieser Manufakturen, und ihre Organisation ist nicht einmal in Umrissen bekannt.

Trotzdem waren die spätantiken Waffenmanufakturen vermutlich die größten Betriebe des produzierenden Gewerbes, die die klassische Antike hervorgebracht hat, größer als die arretinischen Töpfereien und größer auch als die Manufakturen, die sich auf das Einsalzen von Fisch und die Produktion von *garum* spezialisiert hatten. Die Fertigung von Rüstungsgütern mochten die Kaiser nicht länger den kleinen und mittleren Produzenten überlassen, die für andere Wirtschaftsbereiche milieuprägend waren. Nur in der Rüstungsbranche gab der Staat deshalb seine gewohnte Zurückhaltung auf und engagierte sich mit den Waffenschmieden, die er direkt bewirtschaftete, unmittelbar in der gewerblichen Produktion.

... und Pflugscharen

Großbetriebe, die diesen Namen auch verdienten, kannte die Antike sonst nur in der Landwirtschaft. Agrarische Großgüter, die mit einem Großaufgebot an Sklaven oder halbfreien Arbeitern wirtschafteten, gab es schon im klassischen, vor allem im spätklassischen Griechenland, im hellenistischen Vorderasien und in Ägypten, im karthagischen Nordafrika und, von dort beeinflusst, im spätklassischen und hellenistischen Sizilien sowie im republikanischen Italien. Die Größe solcher Betriebe nahm, ausgehend vom klassischen Griechenland, beständig zu: Während im kleinräumigen Attika ein Grundbesitz von 10 ha schon bedeutend war, brachten es Betriebe in Thessalien im 4. Jh. v. Chr. bereits auf die 50-fache Größe. Der aus dem kleinasiatischen Assos stammende Aristodikides, Günstling des seleukidischen Königs Antiochos I., nannte gegen Mitte des 3. Jh.s v. Chr. 600 ha sein Eigen, während ein Apollonios, der ungefähr gleichzeitig dem ägyptischen König Ptolemaios II. als Finanzminister (*dioikētēs*) diente, im Fayyūm ein Gut von 2500 ha besaß, wozu noch weiterer Grundbesitz in anderen Teilen Ägyptens kam.

Analog schritt die Konzentration des Grundbesitzes unter dem römischen Adler voran, besonders rasant in der späten Republik: Noch um 150 v. Chr. konnte sich der Senator Quintus Aelius Tubero, dessen Gut an die 200 *iugera* (50 ha) maß, seines weitläufigen Besitzes rühmen. Wenige Jahrzehnte später verfügte der Ritter Titus Vettius bereits über 400 Sklaven auf seinem Gut und damit wohl über an die 3000 *iugera*. Die Agrarmagnaten der Kaiserzeit besaßen noch weit mehr Grund und Boden: Im Jahr 8 v. Chr. hinterließ Gaius Caecilius Isidorus, ein Freigelassener der Caecilii Metelli, seinen Erben außer 60 Millionen Sesterzen in bar über 4000 Sklaven, 7200 Ochsen und mehr als 250 000 Stück Vieh; sein Grundbesitz dürfte Tausende von Hektar umfasst haben. Wir wissen von Einzelpersonen, die hunderte Millionen Denare in Ackerland investierten – und, wie Lucius Tarius Rufus, Admiral unter Augustus, verloren.

Doch handelte es sich bei römischen *latifundia* in den seltensten Fällen um kompakte Güter, sondern um Streubesitz, der unter Umständen über mehrere Provinzen verteilt war. Berühmtheit erlangte in der Spätantike die jüngere Melania, die sich einem Leben in Enthaltsamkeit verschrieb, ihren Grundbesitz samt Inventar für karitative Zwecke zu Geld machte und nicht weniger als 8000 Sklaven die Freiheit schenkte. Unter dem veräußerten Besitz befanden sich Güter in Italien, Nordafrika und Sizilien (Gerontius, *Leben der heiligen Melania*). Statt in gigantische Großbetriebe investierten römische Grundbesitzer ihr Kapital offensichtlich lieber in überschaubare Villen mittlerer Größe.

Das Management landwirtschaftlicher Betriebe war schon im archaischen Griechenland ein Thema, über das sich Dichter und Denker den Kopf zerbrachen. Hesiods Lehrgedicht *Érga kaì hēmerai* (*Werke und Tage*), entstanden um 700 v. Chr., ist der älteste erhaltene Ratgeber für Bauern. Wesentlich systematischer geht der *Oikonomikós* des Atheners Xenophon (ca. 430 bis 355 v. Chr.) vor: Er versteht sich als Leitfaden für die Führung eines landwirtschaftlichen Haushalts auf philosophischer Grundlage. Der im 4. Jh. v. Chr. entstandene sokratische Dialog widmet sich der Bodenkunde ebenso wie der Auswahl des richtigen Personals und den Rollen der Geschlechter: Der beste Haushaltsvorstand besitzt Qualitäten, wie sie auch von einem Herrscher oder Feldherrn verlangt werden; sie sind, laut Xenophon, wichtiger als technische Fertigkeiten, setzen aber gründliche Bildung (*paideía*) voraus.

In Rom schufen die Punischen Kriege (264–146 v. Chr.) gleich doppelt die Voraussetzung für die Blüte, die die einschlägige Literatur in den folgenden rund 300 Jahren erlebte: Erstens kamen die Römer in Sizilien mit den dort von den Karthagern unterhaltenen agrarischen Großbetrieben und dem entsprechenden Know-how in Berührung; so ließ man im 2. Jh. v. Chr. in Rom das Werk des karthagischen Agrarschriftstellers Mago ins Griechische übersetzen. Zweitens mündete die lange Kriegsperiode in eine beispiellose Konzentration des Grundbesitzes in Italien; Latifundien ersetzten kleinbäuerliche Betriebe zwar nicht flächendeckend, wurden aber doch landschaftsprägend im Italien der späten Republik und der Kaiserzeit.

Als Erster wagte sich ausgerechnet der ältere Cato (234–149 v. Chr.) daran, seinen Landsleuten die zeitgemäße Bewirtschaftung von Grundbesitz näherzubringen. In seinem Alterswerk *De agri cultura* («Über die Landwirtschaft») verfolgt der konservative Senator ein durchaus restauratives Anliegen: Indem er eine Anleitung zum vernünftigen Wirtschaften gibt, möchte er die materielle Basis der herrschenden Nobilität sichern helfen. Sein Ansatz ist typisch römisch und, im Gegensatz zu Xenophons Traktat, ganz und gar pragmatisch: Die Produktivität eines Landguts hänge entscheidend von seiner Lage ab; vor allem solle es verkehrsgünstig liegen, damit die Erzeugnisse ohne Mühe zu Markte gebracht werden können. Wichtig sei die Auswahl eines verantwortungsbewussten, mit Managementqualitäten ausgestatteten Verwalters, in dessen Obhut ein Grundbesitzer seine Güter ließ. Sklaven solle man, rät Cato, nur das Nötigste an Nahrung und Kleidung zuteilen, wobei in seiner betriebswirtschaftlichen Gesamtrechnung die Erhaltung ihrer Arbeitskraft oberstes Gebot war. Eher skurril muten aus heutiger Sicht die Reinigungsriten an, die er empfiehlt, um das Wohlwollen der Götter zu erheischen; doch gehörte für einen traditionsverbundenen, in einer von übernatürlichen Kräften durchwalteten Welt lebenden Römer die Sicherung göttlichen Beistands selbstverständlich auch zu den Prinzipien vernünftigen Wirtschaftens.

An Xenophon, Mago und Cato knüpfen noch zwei weitere Schriften zur Landwirtschaft an: *De re rustica*, das Alterswerk des Polyhistors Marcus Terentius Varro (116–27 v. Chr.), und das ebenso betitelte Opus des Spaniers Columella (gest. ca. 70 n. Chr.). Beide folgen der Tendenz nach Catos Vorbild, indem sie das Landleben verklären und der Luxusentfaltung ihrer eigenen Zeit eine Absage erteilen. Bei Varro liegt der Akzent auf der Viehzucht (einschließlich Fischzucht), Columella widmet sich daneben auch ausführlich dem Wein-, Obst- und Gartenbau. In der Schwerpunktsetzung spiegelt sich die rasante Umstrukturierung der italischen Landwirtschaft in den letzten 200 Jahren der römischen Republik. Während die Produktion des Grundnahrungsmittels Getreide mehr und mehr in die Provinzen ausgelagert wurde, setzten die landwirtschaftlichen Betriebe Italiens, vor allem im Einzugsgebiet der Hauptstadt, in wachsendem Maß auf die Erzeugung hochwertiger Nahrungsmittel wie Wein, Öl, Gemüse, Fleisch und Fisch, die sich auf den römischen Märkten zu Geld machen ließen. Gleichwohl sprechen sich die Agrarschriftsteller, besonders Varro, gerade gegen Monokulturen aus – ein Hinweis darauf, dass genau diese Anbaumethode auf Kosten traditioneller Bewirtschaftungsformen an Boden gewann.

Insgesamt trifft für die Landwirtschaft zu, was für andere Wirtschaftssektoren in der Antike auch gilt: Eine wachsende Zahl von Großbetrieben existierte neben kleineren Einheiten, die in der Fläche vielerorts durchaus flurprägend blieben. Zu den Produzenten, die der Subsistenzwirtschaft verhaftet blieben, gesellten sich immer mehr Anbieter, die für Märkte unterschiedlicher Hierarchie-Ebenen arbeiteten, bis hin zu Großbetrieben, die mit Tausenden von Arbeitskräften unter erheblichem Kapitaleinsatz in hochgradig arbeitsteiligen Prozessen produzierten. Der Daseinszweck solcher wie auch kleinerer Betriebe war natürlich, Gewinne zu erwirtschaften. Die römischen Agrarschriftsteller empfehlen unisono, die Rentabilität von *villae rusticae* durch gezieltes Investieren zu erhöhen: Wer seinen Hof verkommen lasse, dürfe sich nicht wundern, wenn er Verluste schreibe. Tatsächlich litt die römische Landwirtschaft unter einem chronischen Investitionsstau, vor allem dann, wenn Betriebe in Pacht geführt wurden und Pächter fürchten mussten, das investierte Geld bei Auslaufen der Verträge zu verlieren. In der Kaiserzeit war die Verpachtung kaiserlicher Domänen an Großpächter gängige Praxis, und in der Spätantike wuchs die Bedeutung von Pacht im selben Maße, wie freie, aber an die Scholle gebundene Kleinpächter (*coloni*) Sklaven als massenhaft verfügbare Arbeitskräfte ersetzten.

In der billigen Verfügbarkeit menschlicher Arbeitskraft dürfte

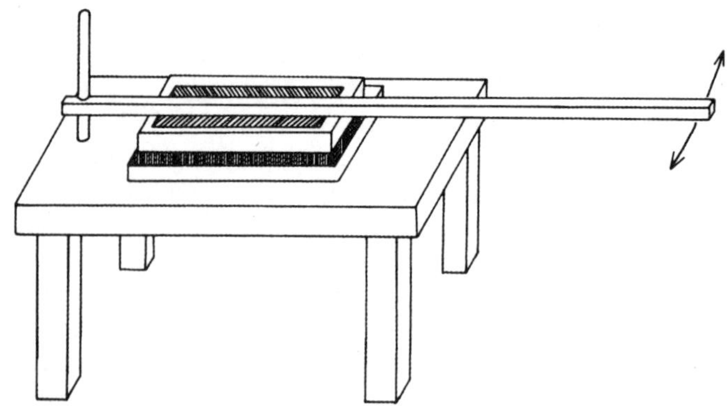

Abb. 3: Schiebemühle, sogenannte olynthische Mühle

auch eine der Hauptursachen dafür bestanden haben, dass Investitionen in arbeitssparende Technologien in der Landwirtschaft – wie in anderen Wirtschaftssektoren auch – in der Regel ausblieben. Technische Fortschritte waren jedoch durchaus zu verzeichnen und wurden auch wirtschaftlich nutzbar gemacht, etwa in der Mühlentechnik: Korn wurde lange Zeit einfach durch Reiben mit einem Stein auf einer Platte gemahlen; erstmals im klassischen Griechenland kamen Schiebemühlen auf, die sich die Hebelwirkung eines Stockes zunutze machten, der am oberen Mühlstein befestigt war (Abb. 3). Rotationsmühlen, die meist von Eseln angetrieben wurden, setzten sich ab dem 2. Jh. v. Chr. zuerst im westlichen Mittelmeerraum durch und können heute noch in Pompeji besichtigt werden. Wiederum 200 Jahre später wurden erste Experimente mit Wassermühlen unternommen. In Kombination mit der römischen Wasserleitungstechnik bedeutete dies eine enorme Steigerung der Leistungsfähigkeit: Realisierbar waren jetzt große Produktionsstandorte mit mehreren Mühlen. Einen solchen Komplex aus dem späten 3. Jh. n. Chr. legten Archäologen unlängst nahe dem südfranzösischen Arles im Ort Barbegal frei.

Aquädukte sind bis auf den heutigen Tag Wahrzeichen römischer Ingenieurskunst. Wasserleitungen versorgten nicht nur die

Städte mit Trinkwasser, sie bewässerten auch Ackerland in Trockenzonen. Im Orient erschlossen die Römer Zonen für die Landwirtschaft, die lange kein Bauer mehr unter den Pflug genommen hatte: das Kalksteinmassiv in Nordsyrien etwa, wo noch heute die sogenannten Toten Städte von der erstaunlichen Siedlungsdichte künden, die hier in der Spätantike erreicht wurde; oder den ebenfalls syrischen Hauran, ein Basaltgebirge mit extrem trockenem Klima. Mit großem Aufwand wurden riesige Zisternen in den Fels gegraben, in denen sich das spärliche Regenwasser sammelte – immerhin genug, um selbst hier Ackerbau betreiben zu können. Anderswo in Syrien griffen die Römer auf eine Erfindung zurück, die bereits um 1000 v. Chr. im heutigen Iran gemacht wurde: Über ein System aus Schächten und Stollen – ein sogenanntes *qanat* – wurde aus den Bergen das dort dichter unter der Erdoberfläche gelegene Grundwasser in die Ebene geleitet, wo es die Felder bewässerte. Gemeinsam mit der politischen Stabilität, die die *pax Romana* gewährte, sorgten solch ausgeklügelte Bewässerungssysteme dafür, dass die landwirtschaftliche Nutzfläche im Syrien der römischen Kaiserzeit womöglich größer war, als sie es heute ist.

V. Institutionen

«Sorge zunächst für ein Haus, dann sorge für's Weib und den Pflugstier», mahnt der Dichter Hesiod, eine der frühesten Stimmen, die aus dem archaischen Griechenland zu uns dringen, in seinem um 700 v. Chr. verfassten Lehrepos *Werke und Tage* (405). In gut 800 Hexametern breitet der Dichter am Übergang vom Dunklen Zeitalter zur griechischen Archaik sein Wissen über das Leben aus, den Broterwerb und vor allem die Landwirtschaft, die im archaischen Griechenland wie in allen frühen Gesellschaften die Existenzgrundlage der allermeisten Menschen war. Das Haus, der *oíkos*, war in einer Realität ohne Staat, ohne Gesetze im heutigen Sinn und ohne Geld als Zahlungsmittel, aber mit stark ausgeprägten Bindungen zwischen Personen, die einander nahe waren, Lebensmittelpunkt und Hort von Sicherheit und Geborgenheit, kurz: Es war Lebens-, Arbeits-, Solidar- und Schicksalsgemeinschaft. Für ein «Haus» zu sorgen, ist deshalb Hesiods dringendster Rat an sein Publikum.

oíkos

Entbehrung und Hunger, so lesen wir bei Hesiod, waren ständige Gäste in diesem Haus. Einst, erklärt der Dichter, habe ein Tag Feldarbeit genügt, um die Speicher für ein ganzes Jahr zu füllen. Zeus habe diesem Zustand ein Ende gesetzt und den Menschen die Mühsal auferlegt. Harte Feldarbeit sei deshalb die beste Versicherung gegen die Not: «... geh rührig, du törichter Perses, / Über die Arbeit, welche bestimmt für die Menschen die Götter, / Dass du mit Weib und Kind nicht, bitteren Harm in dem Busen, / Nahrung dir bei den Nachbarn suchst, die zögern zu helfen» (397–400). Hier verrät uns Hesiod das Grundprinzip, auf dem der *oíkos* beruhte: wirtschaftliche Unabhängigkeit, Autarkie. Idealtypisch kennzeichnete die Hausgemeinschaft der griechischen Frühzeit die strikte Einheit von Produktion und Konsum. Was die Menschen im *oíkos* brauchten, stellten sie überwiegend selbst her; lediglich Überschüsse verkauften sie.

Unter einem Dach lebte in Griechenland nicht nur die Kernfamilie aus Hausvater (*despótēs*), Ehefrau (*despoína*) und Kindern, sondern ein breiterer Personenkreis, den ein doppelter Zweck verband: erstens Erhalt und Mehrung des materiellen Besitzes sowie, zweitens, dessen Verwendung für ein «gutes Leben», wie sich Xenophon in seiner Schrift *Oikonomikós* ausdrückt (2, 13). Zusammengehalten wurde das Haus durch Bande der Solidarität zwischen Ungleichen: Mann und Frau sowie Herren und Sklaven. Obwohl unfrei, waren die Sklaven doch unlösbare Teile der Gemeinschaft: als *sṓmata* («Körper») oder *andrápoda* («Menschenfüßer») jedoch fremdbestimmt und nur gattungsmäßig den vollwertigen Menschen verwandt.

Dem griechischen *oíkos* der Sache nach vergleichbar war die archaische römische *familia*: Auch sie war Solidaritäts- und

Schicksalsgemeinschaft auf Grundlage der Ehe und unter Einschluss der Sklaven. Vom *oíkos* unterschied die *familia* die durch nichts beschränkte und in dieser Form in Griechenland nicht gekannte Disziplinargewalt des römischen Hausvaters (*pater familias*), die *patria potestas*. Ihr unterstanden die Töchter bis zu ihrer Verheiratung, die Söhne bis zum Tod des Vaters. Wie in Griechenland, so hatte sich auch in Rom die Hausgemeinschaft dem «guten Leben» verschrieben: In der Praxis bedeutete das, dass die Vorstände der namhaften «aristokratischen» Häuser frei von der täglichen Mühsal waren, wie sie Hesiod schildert. Diesen Männern ging es längst nicht mehr um die Sicherung des Existenzminimums. Sie bildeten eine *leisure class*, die ihr Wohlstand «abkömmlich» machte für typisch aristokratische Verrichtungen: Jagdgesellschaften, gemeinschaftlich zelebrierte Trinkgelage, Krieg und, zunehmend, die Wahrnehmung politischer Führungsaufgaben.

Die Archäologie zeigt, wie sich auch materiell die Bereiche Wohnen, Arbeiten und Konsum im archaischen *oíkos* berührten. Ein aristokratisches Haus aus der Zeit Homers und Hesiods bestand aus Wohntrakten, Stallungen und Vorratsräumen, die sich um einen Innenhof gruppierten. Eigentlicher Kern dieses Komplexes war das *mégaron*, eine große rechteckige Halle mit Bänken zu allen Seiten und einem Herd in der Mitte. Hier traf man sich in geselliger Runde zum *sympósion*: Beim gemeinschaftlichen Weingenuss unterhielt man sich mit Liedern, Gedichten und Gesprächen.

Das aristokratische Ritual des Gastmahls, das die Griechen *sympósion* und die Römer *convivium* nannten, war ein Fest der Freundschaft und zugleich ostentative Zurschaustellung von Wohlstand. Wein floss in Strömen, man benutzte gediegenes, vorzugsweise reich verziertes Tafelgeschirr, saß auf kostbaren Möbeln und versicherte sich gegenseitig seines erlesenen Geschmacks. Ähnliche Formen elitären Geltungskonsums, von Thorstein Veblen mit dem schönen Begriff *conspicuous consumption* belegt, kannten praktisch alle vormodernen Gesellschaften. Das symposiastische Ritual pflegten die Oberschichten sämtlicher Mittelmeeranrainer: vom phönizisch-aramäischen Raum, wo die Trinkgelage *marzeah* hießen, über das etruskische Italien bis zur Iberischen Halbinsel und an den keltischen Rand der mediterranen Welt. Vom Tafelluxus der römischen Oberschicht zeichnet Petronius in seinem aus der Zeit Neros stammenden Roman *Satyricon* ein farbenprächtiges Bild.

Bei dem Diner, das der neureiche Freigelassene Trimalchio in seinem Landhaus bei Cumae (Kyme) für eine bunte Schar von Gästen veranstaltet, ist Extravaganz Trumpf. Der Hausherr tischt nicht nur ungewöhnliche, oft exotische und nicht selten gewöhnungsbedürftige Speisen auf, er inszeniert sie auch wie ein Regisseur. Besonders stolz ist er auf seinen Koch, einen wahren Virtuosen kulinarischer Mimikry, der das Fleisch einer Sau in allerlei Kreaturen zu verwandeln weiß (Petronius, *Satyricon* 70, 2): «Ein Wink, und er macht aus der Gebärmutter einen Fisch, aus dem Speck eine Ringeltaube, aus dem Schinken eine Turtel, aus der Keule eine Henne.»

Staat

Während der «Staat» im frühen Mesopotamien gewissermaßen ein einziger Haushalt mit dessen Vorstand als König war, so war er in Griechenland und Rom zunächst nicht mehr als die Summe der mächtigeren Hausväter. Es gab arme und reiche *oíkoi*, aber nirgends war Besitz so ungleich verteilt, dass daraus ein starkes, zentralisiertes Königtum hätte erwachsen können. Die im «Rat» versammelte Aristokratie und das Volk, der *dēmos*, ließen eine Machtkonzentration nicht zu, wie sie Mesopotamien und Ägypten, aber auch das mykenische Griechenland auf dem Weg der Staatswerdung erlebten. Ähnlich blieb auch im frühen Rom das Königtum stets eine schwache Wahlmonarchie, bevor die erstarkende Aristokratie es um 500 v. Chr. ganz beseitigte.

Dass in Griechenland und Rom Haushalte mit kleinem und mittelgroßem Grundbesitz strukturprägend blieben, war entscheidend für die weitere politische Entwicklung: in Griechenland für die Entstehung der *pólis*, in Rom für die der Republik. In elementarem Gegensatz zu den Imperien im Orient war keine der Gesellschaften, die sich im Westen formierten, um eine zentrale Institution herum gewachsen; vielmehr standen in Griechenland wie in Rom von Beginn an rivalisierende Kräfte im Wettbewerb um Einfluss, Prestige und wirtschaftliche Chancen. Nur an der griechischen Peripherie, in Makedonien etwa, konnte sich eine starke Monarchie ausbilden. Überall sonst hielten Kreise von Grundbesitzern das Heft in der Hand, die indes unterschiedlich breit gezogen sein konnten: von eng-oligarchisch (Spartiaten, Gamoren in Syrakus, auch die Nobilität in Rom) bis relativ weit (Athen Solons). Auch in Phönizien und Karthago ersetzten Oligarchien das alte Königtum, doch standen hier nicht Grundbesitzer, sondern Kaufleute an der Spitze. Die Frage, wer in antiken Staaten das Sagen haben sollte, ließ sich sehr unterschiedlich beantworten.

Doch was überhaupt ist ein «Staat»? Die denkbar allgemeinste Definition stammt von dem Soziologen Max Weber und lautet: Ein Staat ist ein auf Legitimität beruhendes «Herrschaftsverhältnis von Menschen über Menschen». Für den Ökonomen Douglass North hingegen «handelt» der Staat, erstens, «zum Zwecke des Erwerbs eines Einkommens mit einer Reihe von Dienstleistungen», vor allem Sicherheit und Gerechtigkeit. Indem der Staat zweitens Eigentumsrechte festlegt, entscheidet er, wer in welchem Maß über ökonomische Güter verfügen darf – und nutzt diese Möglichkeit, um seine eigenen Einnahmen zu maximieren. Drittens erwachsen dem Staat potentielle Rivalen in Gestalt von anderen Staaten und Einzelpersonen, welche dieselben Dienstleistungen anbieten; sie schränken die Monopolmacht des Staates ein, weil das Staatsvolk seinem Staat die Loyalität aufkündigen wird, sobald die Opportunitätskosten über ein erträgliches Maß hinauswachsen – der Staat verliert dann seine Legitimität. Moderne Staaten bewältigen das Legitimitätsproblem, indem sie durch Gesetze Garantien für Eigentum leisten und – mit Militär, Polizei, Rechtsprechung, Zahlungsmitteln, Verkehrswegen – eine Infrastruktur schaffen, die Transaktionskosten gering hält und Sicherheit bietet.

Eine solche Infrastruktur kannten auch antike Staaten, allerdings mit gewissen Einschränkungen. Der Vorzug von Norths

Modell besteht darin, dass es den Staat als einen ökonomischen Akteur unter anderen begreift. An zwei Beispielen soll nun untersucht werden, wie sich antike Staaten in dieser Rolle verhielten und wie effizient sie das von North umrissene Aufgabenspektrum wahrnahmen. Das erste Beispiel führt uns in die anbrechende Spätantike, in das römische Imperium der Tetrarchen Diokletian, Maximian, Galerius und Constantius. Die vier Kaiser legten mit ihrem Edikt aus dem Jahr 301 n. Chr. einen Katalog von über 1000 Waren und Dienstleistungen vor, deren Höchstpreise sie mit jeweils reichsweiter Gültigkeit festsetzten. So lag der Preis für einen Scheffel (17,5 l) Trockenbohnen bei 60 Denaren, ein italischer Sextarius (0,547 l) Picenerwein durfte höchstens 30 Denare kosten, dieselbe Menge Landwein acht und ein Sextarius Bier noch vier Denare; für das Hundert Seeigel hatte man 50, für einen Sextarius Essig hingegen nur sechs Denare zu zahlen. Tiefer hatte man natürlich für exotische Luxusartikel in die Tasche zu greifen: Ein italisches Pfund (327,45 g) Seide kostete 12 000, purpurgefärbte Wolle 50 000 und purpurgefärbte Seide gar 150 000 Denare. Zum Vergleich: Der Höchstlohn für einen Landarbeiter wurde auf 25 Denare pro Tag zuzüglich Kost festgesetzt, ein Maurer verdiente das Doppelte. Und ein männlicher Sklave zwischen 16 und 40 Jahren schlug mit 30 000 Denaren zu Buche.

Das *edictum de pretiis rerum venalium* oder Höchstpreisedikt, das in mehreren griechischen und lateinischen Inschriften aus der Osthälfte des Imperium Romanum überliefert ist, gibt nicht nur willkommenen Aufschluss über Preisrelationen in der Spätantike, sondern auch darüber, wie die Zeitgenossen über Wirtschaft und die Rolle des Staates in ihr nachdachten. Diokletian und seine Mitkaiser haben dem Edikt eine Präambel beigegeben, in der sie ihre Beweggründe darlegen. Darin beklagen sie wortreich, unersättliche Habgier habe von der Welt Besitz ergriffen, Wucher sich breit gemacht; die Kaiser sähen sich zum Handeln gezwungen, weil die Profitgier von Händlern ein erträgliches Maß überschritten und ihren Untertanen die Lebensgrundlage entzogen habe. So gebe es gewissenlose Preistreiber, die Missernten und Hungersnöte für ihre Geschäfte nutzten und

Soldaten um ihren Sold und sämtliche Sonderzahlungen brächten. Um dem Wucher Einhalt zu gebieten und im Interesse des Gemeinwohls, des *communis omnium salus*, legten die Kaiser für jede der im Katalog genannten Waren und Dienstleistungen einen Höchstpreis fest; wer ihn als Anbieter überschritt, hatte im schlimmsten Fall mit der Todesstrafe zu rechnen.

Die Kaiser reagierten mit dem Edikt auf ein reales Problem. Nachdem im 3. Jh. n. Chr., bedingt durch die chronische Finanzkrise des römischen Staates, der Silberfeingehalt des römischen Hauptnominals, des Denars, kontinuierlich gesunken war, war in den 270er Jahren – paradoxerweise bedingt durch einen Versuch, das marode Währungssystem auf eine neue, solide Grundlage zu stellen – das Vertrauen in das Geld der Kaiser schlagartig zusammengebrochen. Die Folge war eine galoppierende Teuerung, die auch der seit 284 regierende Diokletian mit einer 293/94 n. Chr. in Kraft gesetzten weiteren Münzreform nicht in den Griff bekommen hatte.

Das einzige Urteil eines Zeitgenossen, das zu dem Preisedikt überliefert ist, fiel vernichtend aus: «Aus Furcht brachte man nichts Verkäufliches mehr auf den Markt, und die Teuerung nahm in weit schlimmerem Grade zu, bis die Notwendigkeit selbst das Gesetz nach dem Untergange vieler außer Gebrauch setzte», kommentiert der christliche Apologetiker Laktanz (ca. 250–320 n. Chr.) die Wirkung des Gesetzes (*Todesarten* 7, 7). Laktanz wird man kaum einen unvoreingenommenen Gewährsmann nennen wollen: Diokletian war einer der Christenverfolger, mit denen der Kirchenvater in seinem Hauptwerk *De mortibus persecutorum* («Über die Todesarten der Verfolger») abrechnete.

Doch wäre das Urteil heutiger Ökonomen kaum weniger harsch ausgefallen: Indem sie die Verbraucherpreise mit einer Obergrenze kappten, machten die Kaiser den Verkauf vieler Waren gänzlich unattraktiv; es wäre ein Wunder, hätte nicht das Edikt unverzüglich überall Schwarzmärkte zum Blühen gebracht. So lässt sich wohl auch Laktanz' Hinweis auf ein großes, durch das Gesetz ausgelöstes Blutvergießen verstehen. Doch werden den Tetrarchen in den meisten Fällen schlicht Mittel und

Wege gefehlt haben, die von ihnen dekretierten Preise auch durchzusetzen. Und selbst wenn man annimmt, dass das Dekret Wirkung zeigte, wird ein Großteil der Verbraucher, statt davon zu profitieren, unter den Höchstpreisen gelitten haben: Schließlich wurden ja ihre Löhne ebenfalls eingefroren, wodurch Schwarzmarktpreise vollends unerschwinglich wurden. Die einzige Gruppe, der das Gesetz nützte und die im Text auch namentlich genannt wird, waren die Soldaten: Nur sie empfingen ein festes Gehalt; ihre notorisch wetterwendische Loyalität wollten die Kaiser hauptsächlich mit dem Edikt erkaufen.

Der Versuch, die Glaubwürdigkeit der Währung mit Zwangsmaßnahmen wiederherzustellen, zeugt – neben den Konstruktionsfehlern des Gesetzes im Einzelnen – aber auch von einem grundsätzlich falschen Verständnis ökonomischer Prozesse. Wer «Gier» und «Wucher» einzelner Akteure für «ungerechte» Preise verantwortlich macht, hat grundlegende Mechanismen von Markt und Preisbildung nicht verstanden. Er geht von der irrigen Annahme aus, dass sich ein gerechter Preis (*pretium iustum*) nach ethisch-normativen Kriterien bestimmen lasse und dass jede Überschreitung der Billigkeitsgrenze Wucher, ja Diebstahl sei. Mit ihrem Festhalten am Dogma des gerechten Preises standen die Tetrarchen in bester aristotelischer Tradition. Allein: Der Währungskrise wurden sie so nicht Herr. Drei Reformen des Währungssystems in knapp 40 Jahren (unter Aurelian, ca. 274; Diokletian, 293/94; Konstantin, ca. 310), eine grundlegende Umstellung des Steuersystems auf die reichsweit einheitliche, in regelmäßigen Intervallen zu schätzende Kopf- und Grundsteuer (*capitatio-iugatio*, ca. 287) sowie das Höchstpreisedikt von 301 lassen erahnen, dass die im Dilemma von explodierenden Preisen und überstrapazierten Staatsfinanzen gefangenen Kaiser sich nicht anders zu helfen wussten als mit planlosem Aktionismus: *trial and error*. Haushaltspolitischen Sachverstand verrät allein die Einführung der *capitatio-iugatio*, die immerhin die Staatsfinanzen auf eine einigermaßen solide Grundlage stellte, wenn auch, womöglich, um den Preis langfristiger Überforderung des im Vergleich zu modernen Staaten kümmerlichen Bruttoinlandsprodukts. Zwar trat der Staat durch das Maßnahmenpaket der Tetrarchenzeit als ökonomischer Akteur in Erscheinung, aber nicht im von North geforderten Sinn als Dienstleister, der durch sein Eingreifen effiziente Eigentumsrechte und ein günstiges Klima für Investitionen schafft. Im Gegenteil beschleunigte wohl so manche Maßnahme die Abwärtsspirale, wenn sie nicht gänzlich verpuffte. Schließlich zeigt die Krise, wie wenig leistungsfähig die Wirtschaft des römischen Imperiums insgesamt war: Die Kaiser konnten den in den zahlreichen Kriegen des 3. Jh.s aufgeblähten Militärapparat nur finanzieren, indem sie die Abgabenbelastung drastisch erhöhten. Sie steigerten so, wiederum nach North, die Opportunitätskosten für immer größere Teile der Bevölkerung, die entsprechend häufiger auf alternative Akteure setzten: Usurpatoren und auswärtige Reichsfeinde.

Damit sind wir beim zweiten Beispiel: der Herausforderung, städtische Bevölkerungen zu ernähren. Begrenzt leistungsfähig wie das gesamte Wirtschaftssystem war nämlich in Griechenland und Rom auch die Landwirtschaft (S. 74–79). Deshalb war, sobald Städte eine gewisse Größe erreicht hatten, der Staat gefordert. Die Bevölkerung Athens war zu groß, um von der Landwirtschaft Attikas ernährt zu werden; und schon das spätrepublikanische Rom war viel zu groß, um aus seinem Umland, der Campagna Romana, oder überhaupt aus Italien sein Brot zu beziehen. Die Poebene war wohl fruchtbar, doch hätte das Getreide von hier aus auf dem Landweg nach Rom befördert werden müssen, was die Transportkosten hätte explodieren lassen. Anders war die Situation im bronze- und eisenzeitlichen Mesopotamien und im Ägypten der Pharaonen gewesen, wo sich zwar auch große Bevölkerungen in Städten konzentrierten, die Erträge der Bewässerungswirtschaft aber so hoch waren, dass die Versorgung nicht nur der Bauern, sondern auch der agrarisch unproduktiven Städter in der Regel aus dem näheren Umland erfolgen konnte.

Die neuralgischen Punkte der Landwirtschaft in Italien und vor allem in Griechenland waren hingegen Bodenqualität und die Unberechenbarkeit von Niederschlag. Die Kleinräumigkeit der Landschaft begrenzte die bebaubare Fläche; blieb Regen aus, so waren Missernten die Folge. Schon im 8. Jh. v. Chr. stand deshalb die wachsende Bevölkerungsdichte in einem krasser werdenden Missverhältnis zum landwirtschaftlichen Potential der südlichen Balkanhalbinsel. Demographische Überschüsse wurden erst auf dem Weg der «griechischen Kolonisation» exportiert, Nahrungsknappheit dann immer mehr durch Import von Getreide ausgeglichen. Vermutlich war schon im 6. Jh. v. Chr. Getreide das Gut, das, im Gegenzug zur hochwertigen, in Griechenland produzierten Keramik, aus der italischen, sizilischen und pontischen Diaspora ins Mutterland strömte.

Mit dem weiteren Wachstum der Städte im 5. und 4. Jh. v. Chr. verschärfte sich die «Kultur der Abhängigkeit» (Graham Oliver) noch weiter, vor allem in Athen. Der Redner Demosthenes (384–322 v. Chr.) rechnet vor, dass 400 000 Scheffel (16 000 Tonnen) Getreide im Jahr aus dem bosporanischen Königreich auf der Krim importiert wurden, was der Hälfte des insgesamt eingeführten Getreides entsprochen habe. Wie hoch der Grad der Abhängigkeit Athens von auswärtigen Quellen insgesamt war, hängt natürlich davon ab, wie viele Menschen in der Stadt wohnten – und da gehen die modernen Schätzungen auseinander. Auch die Glaubwürdigkeit von Demosthenes' Zahlen wurde angezweifelt. Und doch: Selbst der Historiker Peter Garnsey, der die heimische Landwirtschaft in Attika für produktiver hält als die meisten seiner Kollegen, schätzt, dass Athen im 4. Jh. v. Chr. die Hälfte seines Getreides einführen musste. Dass die ökonomische Basis Attikas fragil war, ist unübersehbar; entsprechend hoch rangierte die Versorgungsproblematik auf der politischen Agenda Athens.

Die attische Politik verfügte über eine Reihe von Instrumenten, um zu verhindern, dass der Zustrom von Getreide in den Piräus, Athens Hafen, versiegte. Die wichtigsten waren zunächst der 478/77 v. Chr. als Schutzbündnis gegen die Perser ins Leben gerufene Delisch-Attische Seebund und die Flotte. Mit beiden verwandelten die Athener die Ägäis de facto in ein geschlossenes Meer; auch den Zugang durch die Dardanellen zum Schwarzen Meer kontrollierten sie, und die Küsten mit ihren Rohstoffen und Häfen waren in ihrer Hand. In der Ägäis und jenseits des Binnenmeeres gründete man Kleruchien, fest an Athen gebundene Siedlungen ohne eigenes Bürgerrecht, auf Land, das man gegen Athens Hegemonie rebellierenden Städten weggenommen hatte. Im Kern war also die Versorgung Athens im 5. Jh. v. Chr. redistributiv und tributär organisiert: Man nahm einer hegemonial beherrschten Peripherie Produktionsmittel (Land, teilweise auch Arbeitskräfte) und Produkte (Nahrungsmittel) weg und führte sie dem Zentrum Athen zu.

Athens maritimes Reich kollabierte mit der Niederlage im Peloponnesischen Krieg 404 v. Chr. Den Verlust der Hegemonie konnte Athen nur durch eine Intensivierung seines Handels kompensieren. Der Fokus des attischen Fernhandels wanderte ins Schwarze Meer, von wo im 4. Jh. v. Chr. jedes Jahr konvoiweise Getreide herangeschafft wurde. Schon im Peloponnesischen Krieg war die Seeverbindung durch die Dardanellen die Nabelschnur, die Athen am Leben erhielt.

Da der athenische Staat nicht die Mittel hatte, den Transport in Eigenregie durchzuführen, überließ er das Geschäft privaten Händlern. Dass es lukrativ war, garantierte die Bedeutung des Piräus als Handelsplatz. Nirgendwo im Mittelmeer wurden mehr Güter umgeschlagen als in Athens Hafen. Wer hier als Händler seine Waren feilbot, konnte sicher sein, Abnehmer zu finden. Er fand auch eine Infrastruktur vor, die Handelsaktivität begünstigte: So verfügten Athens Märkte, die *agoraí*, über Marktaufseher (*agoranómoi* – fünf für Athen, fünf für den Piräus), die das Marktgeschehen überwachten, Streit schlichteten und Preise kontrollierten. Zur Überprüfung der Maße und Gewichte gab es eigene Amtsträger, die *metronómoi*; außerdem gab es ein rudimentäres Bankwesen, durch das Händler – gegen einen erheblichen Risikoaufschlag – an Kapital kommen konnten (S. 105–107). Dafür, dass auch Athen zu seinem Recht kam, sorgten im Piräus die *epimelētaì toû emporíou*, die Aufseher über den Handelsplatz (*empórion*), die dafür zuständig waren, dass ein Drittel des umgeschlagenen Getreides auf dem örtlichen Markt verkauft wurde. Faktisch machte dies den Piräus zum Stapelplatz für Getreide, dessen Preis durch den Zwangsverkauf künstlich niedrig gehalten wurde.

Die Niederlage von 404 v. Chr. bedeutete für Athen einen tiefen Einschnitt; indem aber die Athener das ökonomische Potential ihrer Stadt und ihres Hafens Piräus bis zur Neige ausschöpften, gelang ihnen das Kunststück, die Versorgung der Metropole umzustellen: weg von tributärer Redistribution und hin zu marktwirtschaftlichem Handel. Gelungen wäre ihnen das nicht ohne flankierend wirksame Institutionen (wie eine funktionierende Marktaufsicht, den Handel fördernde Gesetze, den faktischen Stapelzwang und das Verbot des Getreideexports) und eine den Interessen der Kaufleute dienende Infrastruktur (Verfügbarkeit von Kapital durch «Seedarlehen», Hafenanlagen, Verkehrswege). Im Gegensatz zu Diokletians Rom «handelte» also das spätklassische Athen durchaus erfolgreich mit Dienstleistungen und schuf so Anreize für Privatleute, Athener und Nichtathener, die dringend benötigte Nahrung in die Stadt zu bringen.

In Rom stellte sich das Problem der Versorgung im Grundsatz ähnlich – spätestens, seit mit Ende des Zweiten Punischen Krieges immer mehr entwurzelte Bauern vom Land in die Hauptstadt strömten und gleichzeitig die Landwirtschaft Italiens immer mehr von der Produktion von Grundnahrungsmitteln auf höherwertige Feldfrüchte umgestellt wurde. Rom wurde deshalb, je größer es wurde, immer häufiger von Hungersnöten heimgesucht. Selbst in guten Jahren hatten viele Familien Mühe, die hungrigen Mäuler zu stopfen. In jeder vormodernen Mangelgesellschaft war der Brotpreis eminent politisch, und Herrschende, die ihn nicht auf einem erträglichen Niveau halten konnten, riskierten Kopf und Kragen. Einen Wendepunkt für die Stadt Rom markierte die 123 v. Chr. von dem Volkstribun Gaius Gracchus durch die Volksversammlung gebrachte *lex frumentaria*, die erstmals die Verteilung von subventioniertem Getreide zu festen Preisen an die ärmsten Bürger Roms regelte. Empfänger des verbilligten Getreides zahlten 6 ⅓ As pro Scheffel – weniger als den Marktpreis selbst in guten Jahren, aber mehr als einen symbolischen Preis. Finanziert wurde der Einkauf des Getreides in Nordafrika – wohin sich der Schwerpunkt der mediterranen Getreideproduktion verlagert hatte –

durch die Verpachtung der Steuererträge aus der neuen Provinz *Asia*, dem 133 v. Chr. annektierten Königreich Pergamon. Auch aus den anderen Provinzen flossen Abgaben (*stipendia*, *tributa*, *vectigalia*) nach Rom, deren Eintreibung vorerst jedoch wenig systematisch war, meist auf vorrömischen Besteuerungssystemen basierte und teils in Naturalien, teils in Geld erfolgte. Erst in der Kaiserzeit wurde die direkte Besteuerung der Provinzen soweit vereinheitlicht, dass eine reichsweit einheitliche Grund- (*tributum soli*) und Kopfsteuer (*tributum capitis*) auf Basis eines regelmäßigen Zensus erhoben wurde.

Die gracchische *lex frumentaria* hatte einen Präzedenzfall geschaffen. Seitdem war die stadtrömische Plebs vor allen anderen Unterschichten privilegiert – und sie ließ sich dieses Privileg nicht mehr nehmen. Zwar war die Getreideverteilung umstritten, schien sie doch einem neuen, durch und durch demagogischen Politikstil Tür und Tor zu öffnen, doch scheint allein Sulla während seiner Diktatur (81–80 v. Chr.) die Subventionierung ausgesetzt zu haben, und bereits 78 v. Chr. wurde sie wieder eingeführt. Über das ganze 1. Jh. v. Chr. stieg die Zahl der Begünstigten und damit die Belastung des Staatssäckels steil an, bis Cicero anlässlich einer neuen, von Clodius 58 v. Chr. promulgierten, die gänzlich kostenlose Verteilung von Getreide einläutenden *lex frumentaria* konstatierte, die Versorgung der Habenichtse verschlinge ein Fünftel der gesamten Staatseinnahmen. Caesar reduzierte den Kreis der Empfänger wieder, angeblich von 320 000 auf 170 000 Personen. Aber erst Augustus stellte das wenig transparente System auf eine völlig neue Grundlage. Er ließ Berechtigungsmarken verteilen und schuf mit Lagerhäusern erstmals eine Infrastruktur für die Getreideversorgung der Hauptstadt: die *cura annonae*, die er selbst übernahm. Die praktische Verantwortung dafür übertrug er 8 n. Chr. einem ritterständischen *praefectus annonae*. Später, unter Claudius und Trajan, erfolgte in zwei Stufen der Ausbau des Seehafens Ostia.

Damit wissen wir zwar eine Menge über die juristischen und organisatorischen Grundlagen der hauptstädtischen Getreideversorgung – aber erstaunlich wenig über ihr praktisches Funktionieren. Das beginnt bei den Mengen: Wie viel Getreide benötigt wurde, lässt sich nur grob schätzen, weil auch die Bevölkerung der Hauptstadt eine unbekannte Größe ist. Garnsey und Saller vermuten, dass allein die Zahl der Verteilungsempfänger mitsamt ihren Angehörigen im augusteischen Rom bei fast 700 000 lag; die Gesamtbevölkerung, einschließlich der in Rom ansässigen Sklaven, Fremden und Nichtberechtigten, hätte dann die Millionengrenze überschritten. Eine solche Bevölkerung brauchte, um halbwegs satt zu werden, rund 200 000 Tonnen Getreide pro Jahr. Kalkuliert man Verluste durch Transport und Lagerung mit ein, so kommt man auf eine Gesamtmenge von 400 000 Tonnen, die Jahr für Jahr produziert werden musste, um die Hauptstadt zu versorgen.

Wer waren die Produzenten, wie erlangte der Staat Zugriff auf das Getreide und wie wurde es nach Italien geschafft? Der größte Teil des Getreides wuchs in Sizilien, Nordafrika und – besonders – Ägypten, das seit 30 v. Chr. römische Provinz war. Produziert wurde es hauptsächlich von privaten Betrieben, von denen die Kaiser es entweder kauften oder als Steuern abschöpften. Daneben spielten auch Grund und Boden im Eigentum des Kaisers, sogenannte Domänen, die an private Investoren verpachtet wurden, eine gewisse Rolle: Die Pächter lieferten einen Teil ihrer Erzeugnisse, darunter Getreide, als Pachtzins ab. In den exportierenden Provinzen wie in Italien musste sodann die Infrastruktur für Lagerung und Umschlag vorgehalten werden. In diesem Sektor engagierte sich seit Augustus der Staat immer mehr und verdrängte, wie in Ostia zu erkennen, sukzessive private Dienstleister. Hingegen mischte er sich nicht in die Verschiffung des Getreides nach Italien ein. Sie blieb die Domäne privater Unternehmer, der *navicularii*, für deren Aktivität der Staat ab einer bestimmten Betriebsgröße Anreize durch rechtliche Privilegien schuf. Schiffsraum war knapp, vor allem, weil wegen der langen Reisezeiten und widriger Wetterverhältnisse im Winter nur eine Fahrt pro Jahr unternommen werden konnte. Schiffe mit einer Ladekapazität von 1000 Tonnen waren aber wohl in der Kaiserzeit keine Seltenheit mehr. Als Kunde privater Schiffseigner konkurrierte der Staat außerdem mit anderen Produzenten, die ebenfalls am Transport von Massengütern interessiert waren. Wie einträglich dieses Geschäft für risikofreudige Unternehmer war, zeigt ein weiteres Mal Petrons fiktiver Romanheld, der Freigelassene Trimalchio, der sein Vermögen im Seehandel verdient hatte; und vom Reichtum der *navicularii* künden auch die prachtvoll ausgestatteten Vereinslokale, in denen sich die *collegia* – die Interessenvertretungen, Berufsgenossenschaften und Kultvereinigungen in einem waren – der *navicularii* in Ostia trafen.

Wie im Mesopotamien der Bronze- und Eisenzeit und wie im klassischen Athen intervenierte also auch in Rom der Staat, um die Bevölkerung der Hauptstadt zu ernähren. Doch während Athens Niederlage im Peloponnesischen Krieg der tributär-redistributiven Umverteilung von der Peripherie ins Zentrum ein Ende setzte und die Umstellung auf Markthandel erzwang, blieb in Rom mit dem Kaisertum eine Instanz präsent, die Macht und Mittel hatte, Produktionsüberschüsse aus den Provinzen abzuschöpfen und nach Rom zu transportieren. Während Athen sich, um eine berühmte Kategorie Max Webers zu bemühen, zur Produzentenstadt wandelte, die ihren Unterhalt vor allem durch die Potenz ihres Marktes selbst erwirtschaftete, blieb die Metropole am Tiber Kostgängerin ihres Imperiums: eine Konsumentenstadt, deren Bewohner ohne den in ihrer Mitte residierenden Kaiser hungers gestorben wären.

Märkte

Rom war natürlich nicht das einzige Nachfragezentrum im Reich; fast genauso unersättlich und mindestens ebenso privilegiert war das Heer mit seinen Hundertausenden Soldaten – im 3. Jh. n. Chr. mögen bis zu einer halben Million Mann unter Waffen gestanden haben. Die Armee verfügte über eine eigene Logistik, um Nahrungsmittel zu ihren Standorten zu schaffen. Hauptquelle für den Bezug waren die den Garnisonsorten benachbarten Städte. Sie lieferten in Friedenszeiten Nahrungsmittel an die Einheiten und wurden zum Ausgleich vom *tributum* freigestellt. Marschierende Truppen mussten im Krieg wie im

Frieden von örtlichen Privatleuten einquartiert und versorgt werden, ohne dass es für dieses *hospitium* eine Entschädigung gab. Doch deckten sich Einheiten ebenso wie individuelle Soldaten auch auf Märkten ein. Wie aus den Vindolanda-Tafeln aus dem nördlichen Britannien hervorgeht, machten auch Soldaten privat Geschäfte, indem sie Getreide auf- und an die Truppe weiterverkauften.

Das dritte Nachfragezentrum waren die Städte des Imperiums. Ihre Bevölkerung, vielleicht 10 Millionen der insgesamt ca. 60 Millionen Einwohner des Reiches, war nicht privilegiert wie die stadtrömische Plebs und erhielt keine Getreidespenden aus der Hand des Kaisers. Die Menschen in Trier oder London, in Karthago, Antiocheia, Ephesos und im ägyptischen Alexandreia, der zweitgrößten Stadt der römischen Welt, waren auf andere Quellen angewiesen, um satt zu werden. Teile des Bedarfs deckten finanzkräftige Mitbürger, die mit großzügigen Lebensmittelspenden ihren Gemeinsinn unter Beweis stellten – derlei Euergetismus (S. 109–113) war aus dem öffentlichen Leben antiker Städte nicht wegzudenken. Nicht wenige Bürger besaßen Ackerfläche im Landgebiet, der *chṓra*, die zu jeder griechischen Gemeinde gehörte. Teilweise waren die Grundbesitzer, wie schon im archaischen Athen, Ackerbürger, die selbst oder mit wenigen Sklaven ihr Land bebauten. Vor allem im hellenistischen Osten, im ptolemaischen Ägypten wie im Seleukidenreich, mündete aber die Zuwanderung von Griechen und Makedonen in eine regelrechte Landnahme, die zumindest die Höhergestellten unter den Siedlern in den Besitz großer Güter brachte, auf denen einheimische Bauern als Leibeigene arbeiteten. Das Konsumverhalten dieser Eliten und ihre Generosität trugen zum Unterhalt der Städte entscheidend bei. Vermutlich waren sie vielerorts wichtiger als die gewerbliche Produktion, von Ausnahmen wie Arretium abgesehen. Die meisten Städte Italiens und der Provinzen fielen damit ebenfalls, wie Rom, in Webers Kategorie der Konsumentenstadt.

Die Städter verfügten also über Kaufkraft. Dennoch mussten Güter in die Städte gelangen und dort ihre Abnehmer finden. Die Schnittstelle zwischen Produzenten und städtischen Konsumenten waren Märkte, deren Einzugsbereich sich nach der Größe der Stadt richtete und nach der Art der gehandelten Güter. Ihren Nahrungsbedarf werden die meisten römischen Städte in ihrem Umland gedeckt haben; weite Wege hätten unter normalen Bedingungen die Kosten über ein erträgliches Maß hinaus erhöht. Nur bei Missernten wurden Lebensmittel auch aus entlegeneren Regionen herangeschafft, wobei selbst in akuten Notlagen entsprechende Initiativen angesichts exorbitanter Transportkosten rasch an ihre Grenzen stießen, wie Gregor von Nazianz (ca. 329–390 n. Chr.) anlässlich einer Hungersnot im kappadokischen Caesarea bemerkt.

Bedarfsgüter, die regional nicht hergestellt werden konnten oder in besserer Qualität anderswo verfügbar waren, wurden aus anderen Teilen der römischen Welt importiert. Metropolen wie Antiocheia und Alexandreia, aber auch Großstädte wie Trier oder Mailand hatten vermutlich selbst für ihren Nahrungsbedarf ein weiteres Einzugsgebiet. Aus dem frühkaiserzeitlichen Kampanien haben sich, als Inschriften oder Graffiti, Kalender erhalten, in denen die Markttage (*nundinae*) verzeichnet sind. Aus ihnen geht hervor, dass Rom der Fluchtpunkt eines ganzen Systems hierarchisch angeordneter lokaler Märkte war: Eine Ware wurde darin von unterschiedlichen Händlern von Ebene zu Ebene «emporgereicht», bis sie, immer teurer werdend, womöglich in Rom landete.

Für Städte war ein funktionierender Markt eine Existenzfrage. Sie hatten aber keineswegs das Monopol auf die Abhaltung von Märkten. Der im 4. Jh. n. Chr. schreibende Redner Libanios berichtet, dass im weiträumigen Umland der großen Städte Syriens Märkte auch in Dörfern abgehalten wurden. Auch ein Heiligtum wie der Zeustempel im nordsyrischen Baitokaike war – bereits durch das Privileg eines Seleukidenkönigs im 3. Jh. v. Chr. – berechtigt, zweimal im Monat Märkte abzuhalten, die sogar von Steuern befreit waren; das Privileg, über das der Tempel in eine heftige Fehde mit seiner Mutterstadt, vermutlich Arados, geraten war, wurde durch Augustus und wieder durch Kaiser Valerian 258/59 n. Chr. bestätigt (IGLS VII 4028).

Märkte sind aber natürlich mehr als nur physische Plätze, an denen Güter den Besitzer wechseln. Der Markt ist, wirtschaftlich betrachtet, eine Arena, in der Angebot auf Nachfrage trifft. Von den beiden anderen durch Polanyi benannten Transfervarianten – Reziprozität und Redistribution – unterscheidet ihn, dass er zugleich ein Preisermittlungsmechanismus ist. Als Institution ist der Markt insofern autonom, als keine anderen Institutionen (Normen in Form von Gerechtigkeitserwägungen oder Bürokratien in Form von Verordnungen) auf die Preisermittlung Einfluss haben – lediglich Angebot und Nachfrage steuern der reinen Lehre nach das Verhalten der Marktteilnehmer.

Dass dieses Prinzip und das marktkonforme Verhalten der Marktteilnehmer zumindest partiell auch den Transaktionen auf antiken Marktplätzen zugrunde lagen, können wir indirekt Diokletians Höchstpreisedikt entnehmen. Das Edikt bezieht seinen ganzen Sinn daraus, den Märkten gewissermaßen aus der Hand zu reißen. Paradoxerweise ist der Text Beleg für das Funktionieren der Märkte und zugleich für eine herrschende Ethik, die marktkonformem Verhalten alles andere als wohlgesinnt war.

Wie individuelle Akteure die zwischen Märkten fluktuierenden Preise für sich zu nutzen versuchten, wie ihnen aber auch die begrenzte Verfügbarkeit von Informationen einen Strich durch die Rechnung machen konnte, illustriert am besten Apuleius' Satire *Metamorphosen*. Dort berichtet der Händler Aristomenes aus Aigina, er verdiene sein Brot durch Handel mit relativ hochwertigen Nahrungsmitteln wie Honig und Käse, die er auf lokalen Märkten einkaufe und in Thessalien, Aitolien und Boiotien unter anderem an Gasthäuser verkaufe. Auf die Nachricht, in der mittelgriechischen Stadt Hypata sei ein bestimmter Frischkäse sehr billig zu haben, sei er auf dem schnellsten Wege in diese Stadt geeilt, nur um, dort angekommen, feststellen zu müssen, dass der Großhändler Lupus den gesamten Käse aufgekauft habe (Apuleius, *Metamorphosen* 1, 5, 2).

Daran, dass Märkte in der Antike funktionierten und dass sie eine wichtige Rolle im Wirtschaftsleben spielten, kann kein vernünftiger Zweifel bestehen. Diese Rolle zu quantifizieren, ist freilich kaum möglich. Wie die verschiedenen Formen des Austauschs ineinandergriffen, entzieht sich jedem Rekonstruktionsversuch. Wie selbstverständlich das Nebeneinander von bürokratischem Dirigismus und Markthandel etwa für die Bewohner des ptolemaiischen Ägypten war, dokumentiert die Instruktion, die der Finanzminister, *dioikētḗs*, eines ungenannten Ptolemaierkönigs seinem Gehilfen mit auf den Weg gab: Er solle, heißt es da, kontrollieren, dass Waren auf den Märkten nicht zu Preisen angeboten würden, die über den vorgeschriebenen lägen; vor allem aber solle der Mitarbeiter die Waren überprüfen, für die keine Preise dekretiert seien und für die die Händler dementsprechend so viel nehmen könnten, wie sie wollten (Papyrus Tebtynis I, 703).

Ethik und Normen

Das Wort Ökonomie leitet sich von *oíkos*, Haus, ab. *Oikonomía* war für die Griechen die Lehre von der richtigen Verwaltung des Hauses. Weil die Polis gewissermaßen ein großer Haushalt für alle war, übertrug man im späten 5. Jh. v. Chr. die Lehren der Ökonomie auch auf sie. Wie jedes Wissensgebiet war auch die Ökonomie eine Domäne der Philosophen; und im Unterschied zu moderner volkswirtschaftlicher Theoriebildung waren die ökonomischen Lehren der Philosophen hochgradig ethisch aufgeladen. Da die Ökonomie in den Erfahrungen wurzelte, die besitzende Griechen mit der Verwaltung ihrer *oíkoi* gesammelt hatten, gab der sich selbst versorgende Haushalt gleichsam auch den ethischen Horizont für die ökonomischen Traktate der Philosophen vor. Eine Rolle spielten schließlich auch die individuellen Lebensläufe der Intellektuellen, die sich über Wirtschaft den Kopf zerbrachen. Mit wenigen Ausnahmen gehörten sie selbst der wohlhabenden Grundbesitzerelite an, die das politische Leben der meisten antiken Gemeinwesen prägte: Das gilt für die Athener Platon und Xenophon wie für die Römer Cato, Varro, Columella, Cicero und Seneca, aber nicht für Aristoteles, der große Abschnitte seines Lebens als Metoike in Athen zubrachte.

Den Grundton für die später auch von den Römern rezipierte Wirtschaftsethik der Griechen gab praktisch schon Hesiod mit seinem Lob des Landlebens und seiner gleichzeitigen Skepsis gegenüber anderen Arten des Broterwerbs vor. Grundbesitz und politische Teilhabe waren in der Polis eng aneinander gekoppelt: Zunächst war Partizipation das Monopol der Grundbesitzer, dann wurde Grundbesitz das Monopol der Bürger. So ordnet Platon in seinem *Staat* die Berufe nach ihrer Wichtigkeit für das Überleben: An erster Stelle stehe der Bauer, an zweiter die Handwerker, die ihn mit allem Lebensnotwendigen – Kleidung und einem Dach über dem Kopf – ausstatten, dann die, die ihn mit Arbeitsgeräten versorgen; die Summe dieser notwendigen Berufe mache die «gesunde» Stadt aus. Ihr gegenüber stehe die «aufgeblasene» Stadt, in der es alle möglichen Berufe gebe, die dem Luxus dienten (Platon, *Staat* 2, 370–373).

Noch radikaler äußerst sich Xenophon, der Sokrates im Dialog *Oikonomikós* sagen lässt: «Denn die Berufe, die man als einfaches Handwerk (*banausikaí*) bezeichnet, sind verschrien und werden freilich zu Recht in den Städten verachtet» (Xenophon, *Oikonomikós* 4, 2). Xenophon hegt vor allem Zweifel an der Wehrbereitschaft der Nichtgrundbesitzer. Wenn Krieg drohe, würden diese, statt zu kämpfen, die Hände in den Schoß legen; deshalb sei die «höchste Tätigkeit und Wissenschaft für einen guten und ehrenhaften Mann» die Landwirtschaft (ebd. 6, 8). Ganz ähnliche Maßstäbe galten in Rom. So äußert sich Cicero (*Von den Pflichten* 1, 150) denkbar abfällig über Zolleinnehmer und Geldverleiher, weil sie sich den Hass der Menschen zuziehen; über Tagelöhner, weil sie für ihre Dienste bezahlt werden; schließlich über Händler, weil sie an Gewinnspannen verdienen, was unehrlich sei; und über Handwerker, «denn eine Werkstatt kann nichts Anständiges an sich haben». Ähnlich teilt auch Seneca (*Briefe* 88, 21) die Berufe in solche ein, die eines freien Mannes würdig, und in solche, die «vulgär und schmutzig» seien. Zu den vulgären rechnet er, mit dem ganzen Dünkel seines Standes, sämtliche Handwerke und alles, was dem Lebensunterhalt dient. Cato schließlich, der ganz am Anfang der lateinischen Literatur steht, schrieb, «unsere Vorfahren», *maio-*

res nostri, hätten den einen guten Mann genannt, der «ein guter Bauer und ein guter Landwirt war» (Cato, *Über die Landwirtschaft*, Prooemium, 2).

Die fehlende Akzeptanz handwerklicher, geldwirtschaftlicher und kaufmännischer Berufe gründet auch in der Theorie von der schrittweisen Degeneration jeder Gesellschaft, die in der Antike ein Gemeinplatz war (S. 8 f.). Antike Denker neigen dazu, den primitiven Urzustand ihrer Gemeinschaft zu verklären. So galt der Extremvariante dieses Denkens schon jede ökonomische Aktivität, die über die autarke Eigenwirtschaft des *oíkos* hinausging, als verdächtig. Die konservative Gesellschaftskritik, die sich im *corpus Theognideum* äußert, sieht in der arbeitsteiligen Differenzierung der Polisgesellschaft durchweg Krankheitssymptome. Geradezu kanonischen Rang erhielt die rückwärtsgewandte Wirtschaftsethik der griechischen Staatsphilosophie mit Aristoteles' *Politik*, deren erstes Buch Fragen der Hausverwaltung (*oikonomía*) und der Erwerbskunst (*ktētikḗ téchnē*) gewidmet ist. Zwischen beiden verlaufe ein Graben, stellt Aristoteles fest, denn die Erwerbskunst «schafft herbei», die Hausverwaltung «verwendet» (Aristoteles, *Politik* 1, 1256a). Die Erwerbskunst stehe aber nicht per se der vernünftigen Hausverwaltung im Weg, denn das Herbeischaffen sei eine Grundbedingung menschlicher Existenz: Keiner könne das, was er brauche, samt und sonders selbst herstellen. Nun gebe es aber eine Spielart der Erwerbskunst, die nicht am Bedarf orientiert sei, sondern an der grenzenlosen Vermehrung von Reichtum (*ploûtos*) und Vermögen (*ktêsis*). Diese Variante nennt Aristoteles *chrēmatistikḗ*, «Gewinnkunst» – und sie sei zu tadeln. Denn der Chrematist erwerbe nicht einen Gegenstand, weil er ihn brauche, sondern um des Gewinns willen. Gemünztes Geld aus Metall, behauptet Aristoteles sachlich völlig richtig, sei als leicht bewegliches Tauschmittel in die Welt gekommen, seines Symbol- wie Gebrauchswertes wegen. Das Geld habe dann dazu beigetragen, dass sich die Krämerkunst (*kapēlikḗ*) verselbständigt habe. Sie sei allein darauf gerichtet, beim Umsatz möglichst viel Gewinn zu erwirtschaften. Anders als die Hausverwaltung und die auf sie bezogene Erwerbskunst würden Gewinn- und Krämerkunst

Abb. 4: Grabmal des Bäckers Eurysaces an der Porta Maggiore in Rom

sich nicht mit der Beschaffung des zum Leben Nötigen begnügen; vielmehr wohne ihnen die an anderer Stelle von Aristoteles gegeißelte *pleonexía* inne, das grenzenlose Mehrhabenwollen (ebd. 1, 1256b–1257b). Während die selbstgenügsame *oikonomía* wahren Reichtum schaffe, stehe der durch *chrēmatistikḗ* und *kapēlikḗ* hervorgebrachte Besitz nicht im Einklang mit der Natur.

Max Weber hat in der «Antichrematistik» der griechisch-römischen Staatsphilosophie eine der entscheidenden Hemmschwellen gesehen, die in der Antike die Ausbildung des «Kapitalismus» moderner Prägung verhindert habe. Dagegen ist eingewandt worden, es habe sich um die Meinung einer kleinen Minderheit gehandelt, die sich nicht in der ökonomischen Wirklichkeit niedergeschlagen habe. Und gibt es nicht tatsächlich genügend Zeugnisse für wirtschaftlich erfolgreiche Handwerker, knallhart kalkulierende Händler, profitgierige Immobilienhaie und unersättliche Agrarmagnaten? Männer wie den Bäcker Eurysaces, dessen Grabmonument (Abb. 4) neben der Porta Maggiore noch heute seinen Stolz auf sein Handwerk und auf das Erreichte dokumentiert; oder wie Crassus, der mit allerlei miesen Tricks Grundstück um Grundstück in Rom erwarb; oder wie Petrons Trimalchio, jenen fiktiven Freigelassenen, der sich mit Handelsgeschäften ein phantastisches Vermögen aufbaute?

Dennoch ist die intellektuelle Hegemonie des Antichrematismus ein Faktum, das sich nicht leugnen lässt. Zwar lehrten Autoren wie Cato und Columella pragmatisches Agrarmanagement, doch war ihr Anliegen in erster Linie die Stärkung der Landwirtschaft, auch und gerade aus moralischen Gründen. Über die betriebswirtschaftliche Ebene dachten sie ohnehin nicht hinaus, während eine «politische» Ökonomie sich nur in Einzelfällen Gehör verschaffte, vor allem in Xenophons *Staatseinkünften* (S. 10 f.). Ansätze zu volkswirtschaftlichem Denken offenbart auch die vermutlich im 3. Jh. v. Chr. entstandene pseudoaristotelische Schrift *Oikonomiká*, die vor allem im zweiten Buch die prinzipielle Nützlichkeit aller Erwerbszweige für die Stadtwirtschaft hervorhebt und damit im Widerspruch zum Antichrematismus aristotelischer Prägung steht.

VI. Kapital

«Kapital» ist, ökonomisch gesehen, Geld, das nicht konsumiert und nicht gehortet, sondern investiert wird, um einen Mehrwert zu erzielen. So definierte es Karl Marx (1818–1883), für den das Kapital «erst die bürgerliche Gesellschaft» schafft «und die universelle Aneignung der Natur» ermöglicht. Der durch das Kapital geformte Menschentypus ist der Bourgeois, wie ihn ein anderer bedeutender Ökonom, Werner Sombart (1863–1941), vor genau 100 Jahren in einem epochemachenden Porträt entwarf, sein reinster Vertreter der Unternehmer: «Der Unternehmer *will* die Blüte seines Geschäfts und er *muß* den Erwerb wollen.» Im Mittelpunkt seines Strebens stehen nicht mehr der Mensch und seine Bedürfnisse, sondern allein das Geschäft, dessen grenzenloses Wachstum der eigentliche Daseinszweck des Unternehmers ist. Saturiertheit kennt er nicht: «Für den Erwerb ebensowenig wie für die Blüte eines Geschäfts gibt es irgendwelche natürliche Begrenzung, wie sie etwa durch den ‹standesgemäßen› Unterhalt einer Person aller früheren Wirtschaft gegeben war.»

Kannten Gesellschaften im Altertum Unternehmer von solchem Format? Die Suche nach dem antiken Bourgeois muss, wenn es ihn gab, bei dem Stoff anfangen, aus dem ökonomisches Kapital entsteht: Geld. Doch Kapital hat, wie der Soziologe Pierre Bourdieu gezeigt hat, eben nicht nur eine ökonomische Dimension. Kapital kann gleichsam auch in anderen Währungen akkumuliert werden. Eine davon ist Bildung, kulturelles Kapital. Eine zweite ist soziales Kapital: Bekanntschaften, Netzwerke, Freunde. Die dritte Form des Kapitals ist symbolischer Art, und sie hat für die Antike besondere Bedeutung. In diese letzte Kategorie fallen Prestige, Ehre und schließlich sogar Einfluss und politische Macht.

Ökonomisches Kapital: Geld und Geldwirtschaft

Gemünztes Geld ist eine Erfindung der Antike. Eine Münze ist ein – meist, aber nicht zwingend – rundes Geldstück aus Metall, dessen Größe und Zusammensetzung standardisiert sind und für dessen Echtheit die ausgebende Institution bürgt, in der Regel ein Staat. Symbole dieser Garantie sind Bilder auf beiden Seiten der Münze, dem Avers (Vorder-) und dem Revers (Rückseite), dazu oft Legenden (Beischriften). Die ersten Münzen wurden in Kleinasien geprägt, und zwar bezeichnenderweise in der Übergangszone zwischen dem griechischen Siedlungsgebiet an der Küste der Halbinsel und dem Spaltprodukt des bronzezeitlichen Hethiterreichs, dem luwisch-phrygischen Kulturkreis, in ihrem Binnenland. Die ältesten datierbaren Münzen aus Elektron, einer natürlich vorkommenden Gold-Silber-Legierung, stammen aus dem Königreich Lydien; geprägt wurden sie Mitte des 7. Jh.s v. Chr., gefunden in der ionischen Stadt Ephesos. Im griechischen Mutterland kam die Münzprägung um 550 v. Chr. auf, und zwar zuerst auf Aigina, in Phönizien noch einmal hundert Jahre später. Ins 4. Jh. v. Chr. datiert das früheste gemünzte Geld aus Indien, ins 3. vorchristliche Jahrhundert die Anfänge der Münzprägung in China.

Geld ist aber viel älter als die Elektronmünzen aus Lydien, denn Geld und gemünztes Geld sind nicht dieselbe Sache. Geld ist ein Konzept, das alle möglichen materiellen und immateriellen Formen annehmen kann; ein abstraktes Tauschmittel mit einem festgesetzten Wert: Das von Ostafrika bis in die Südsee verbreitete und bis ins 20. Jh. verwendete Kaurigeld war ebenso ein Zahlungsmittel wie Gewichte verschiedener Edelmetalle und von Gerste, die im Mesopotamien des 3. Jt.s v. Chr. als Zahlungsmittel benutzt wurden. Die aus Griechenland und dem Alten Testament bekannten Währungseinheiten Talent, Mine und Schekel haben alle ihre Wurzeln mindestens in der altbabylonischen Periode (frühes 2. Jt. v. Chr.). Aus dem Babylonien der Ur-III-Zeit (spätes 3. Jt. v. Chr.) haben sich Gewichte aus unterschiedlichsten Metallen und in den verschiedensten Formen erhalten, die alle als Zahlungsmittel verwendet wurden. Kupfer, Gold, Bronze, Zinn und besonders Silber galten überall als konvertible Währung und kamen besonders im Fernhandel zum Einsatz. Im Lokalhandel waren Gerstensäcke ein beliebtes Tauschmedium. Im Binnenverkehr der altorientalischen Staaten, einschließlich Ägyptens, waren alle genannten Währungen nicht Tauschmedien, sondern lediglich Wertmesser im Naturaltausch: Der Wert beliebiger Waren wurde in Talente, Minen oder Schekel Silber bzw. Säcke Gerste umgerechnet, die dann mit dem Gegenwert für die Tauschwaren verrechnet wurden.

Wo verschiedene Tauschmedien zum Einsatz kommen, bedarf es Spezialisten, die eine Währung gegen eine andere tauschen können. Sie müssen vertrauenswürdig sein und über genug Expertise verfügen, um den Feingehalt an Edelmetall bestimmen und Kurse berechnen zu können. Im alten Vorderasien übten «Geldleute» (*tamkāru*, S. 36) diese Funktion aus; sie werden häufig im Codex Hammurabi erwähnt. Bei ihnen wurden, wie bei modernen Banken, Konten für verschiedene virtuelle Tauschmittel geführt. Solche Geldleute betätigten sich ferner, neben Institutionen wie Tempeln und Palästen, als private Kreditoren, die Naturalien (Getreide, Datteln, Ziegelsteine) oder «Geld» gegen Zinsen verliehen. Auch Vorstufen zum Münzgeld gab es bereits im Alten Orient, in Form von – zunächst durch Privatleute – mit Siegel gestempelten Metallbarren.

Das aufkommende Münzgeld leitete für geschäftliche Transaktionen jeder Art eine neue Epoche ein. Händler, die einen Markt ansteuerten, mussten jetzt nicht mehr zwingend im Voraus wissen, ob dort Waren vorhanden waren, für die anderswo eine Nachfrage bestehen würde; selbst große Beträge konnten ohne größeren logistischen Kraftakt von A nach B transportiert werden. Für verschiedenste Transaktionen – von der Mitgift bis zu Tributzahlungen, von Steuern bis zu Marktgeschäften – gab es jetzt einen einheitlichen, zudem vom Staat garantierten Wertmesser. Expansion der Griechen in Übersee, Urbanisierung des Mittelmeerraums, Polisbildung, Etablierung neuer Märkte von Spanien bis zum Schwarzen Meer und Monetarisierung gehören nicht zufällig alle in denselben chronologischen Zusammenhang, in die Zeit vom ausgehenden 8. bis zum frühen 6. Jh. v. Chr. Der Siegeszug der Münze war wohl Begleiterscheinung und Faktor des Wandels zugleich: Das Einsetzen des Vernetzungsprozesses ging den ersten Münzen voraus (S. 42–46), er beschleunigte sich aber durch die Verfügbarkeit des neuen, unkompliziert zu handhabenden Zahlungsmittels.

Im Innern der Polis, vor allem in Athen, gab die im 6. Jh. v. Chr. aufkommende Praxis, dass sich reiche Honoratioren an der Finanzierung öffentlicher Aufgaben beteiligten, der Zirkulation von Münzen einen großen Schub. Gegenüber Aufwendungen in Naturalien hatte Geld den Vorzug, dass sich der Wert einer Zuwendung unmittelbar bemessen ließ. Dritter Katalysator der Monetarisierung war der Delisch-Attische Seebund, durch den immense Geldmengen nach Athen strömten und dort die Besoldung von öffentlichen Funktionen wie Richterämtern ermöglichten. So demokratisierte sich nicht nur die athenische Gesellschaft, sondern auch die Verteilung gemünzten Geldes, das in Form von kleinen Nominalen zum ersten Mal überhaupt auch in den Taschen einfacher Leute landete. Im 5. Jh. v. Chr. wurde die attische Drachme, auf deren Avers die Eule als Symboltier der Stadtgöttin Athena prangte, zur Leitwährung im gesamten östlichen Mittelmeerraum. Athens Krise nach dem Peloponnesischen Krieg und der Zwang, durch Handel hereinzuwirtschaften, was der Seebund nicht mehr lieferte, kurbelten schließlich auch die Geldwirtschaft an und schufen eine Geschäftsgrundlage für Geldverleih in großem Stil. Der ebenso finanzintensive wie riskante Seehandel verlangte beständig nach Kapital, das diesen Namen auch tatsächlich verdiente. Händler mussten, wären sie nicht unverhältnismäßig reich, auf Kredit Waren kaufen, um sie anderswo mit Gewinn wieder zu verkaufen. Hier tat sich ein gewaltiger Markt auf für Geldgeber, *trapezítai*, und für Wucherer, *obolostátai*: Die Geschäfte mit Seedarlehen blühten im Athen des 4. Jh.s v. Chr. und machten so manchen Finanzmagnaten reich.

Wie reich, illustriert die in mehreren Gerichtsreden festgehaltene Lebensgeschichte des Bankiers Pasion, der um 400 v. Chr. als Sklave in dem im Piräus ansässigen Bankgeschäft von Archestratos und Antisthenes arbeitete. Nach seiner Freilassung übernahm Pasion die Bank, erst als Pächter, dann als Eigentümer. So gut liefen seine Geschäfte, dass er sich auch noch eine Schildwerkstatt zulegen konnte. Pasion, der über exzellente Verbindungen zu Spitzenpolitikern verfügte und sich immer wieder von seiner spendablen Seite zeigte, erhielt bald auch das attische Bürgerrecht – für Metoiken eine besondere Auszeichnung. Mit seinem ehemaligen Sklaven Phormion hatte sich Pasion bereits einen Nachfolger aufgebaut, der, als sich der Ältere aus gesundheitlichen Gründen aus dem Geschäft zurückzog, als Pächter in die Bank einstieg und, nach Pasions Tod, dessen Witwe heiratete und die Vormundschaft über dessen jüngeren Sohn übernahm. Bei Beginn der Pacht hatte Pasion den Gesamtbetrag von 50 Talenten als Darlehen ausstehend – eine namhafte Summe, an der sich das Volumen von Bankgeschäften im 4. Jh. v. Chr. ablesen lässt (Demosthenes, *Reden* 36, 45 u. 49).

Ein Banker wie Pasion ließ sich die Risiken, die er einging, mit hohen Zinssätzen vergolden. Der Vertrag zwischen den Gläubigern Androkles und Nausikrates, zwei Metoiken, und den Darlehensnehmern Artemanon und Apollodoros aus der Zeit um 340 v. Chr., der sich in der pseudo-demosthenischen Gerichtsrede *Gegen Lakritos* (10–13) erhalten hat, nennt einen Zinssatz von 22,25 Prozent, der bei Rückzahlung des Darlehens fällig war und sich sogar auf 30 Prozent erhöhte, wenn die Reise länger dauerte. Kein Wunder, ging doch der Gläubiger beim Abschluss von Seedarlehen erhebliche Risiken ein. Grund und Boden kam als Pfand wohl meist nicht in Frage, weil die Händler kaum je Grund besaßen und etliche Kreditgeber als Metoiken ohnehin kein Land als Pfand annehmen durften. Als Sicherheit konnte somit nur die Ware selbst beliehen werden – und die befand sich auf dem Schiff, dessen sichere Heimkehr mitnichten eine ausgemachte Sache war. Sank das Schiff, wurde es von Seeräubern aufgebracht oder machte sich der Darlehensnehmer mit der Ware auf und davon, hatte der Gläubiger das Nachsehen.

So ist das Trapezitenwesen nur bedingt mit dem modernen Bankgewerbe zu vergleichen. Die hohen Risiken rechtfertigten zwar enorme Zinssätze, verhinderten aber, dass sich «Banken» in zu vielen Seedarlehen gleichzeitig engagieren durften. Ohnehin waren sie wenig liquide: Trapeziten und ihre römischen Kollegen, die *argentarii*, nahmen zwar Spareinlagen von Kunden entgegen, verzinsten sie aber wohl nicht, so dass sie vermutlich nur in Ausnahmefällen mit dem Geld von Kunden operieren konnten. Deshalb waren Seedarlehen hauptsächlich die Domäne von Privatleuten. Wie die griechischen Geldverleiher hatten auch die römischen *argentarii* meist einen niedrigen sozialen Status; nicht selten waren sie Freigelassene, die aber zuweilen Geschäfte im Auftrag und mit dem Kapital ihrer früheren Herren tätigten. Schließlich unterlagen Seedarlehen strenger staatlicher Regulierung: Für Schiffe, die Getreide in andere Häfen als Athen transportierten, durften keine vergeben werden, das regelte ein Gesetz aus der Zeit um 350 v. Chr. (Ps.-Demosthenes, *Gegen Lakritos* 51). Der Staat wollte unbedingt vermeiden, dass womöglich andere Städte von attischem Geld profitierten.

Ein ganz anderer Geschäftszweig war die Vergabe von Darlehen gegen Verpfändung von Grund und Boden. Hier waren die Gläubiger oft potente, einflussreiche Persönlichkeiten, und sie vergaben Kredite gegen geringe Zinsen oder zum Nulltarif. Davon, dass sogar viele begüterte Athener von dieser Finanzierungsmöglichkeit Gebrauch machten, zeugen bis heute die vielen Schuldstelen (*hóroi*), die sich auf ihren Ländereien fanden. Das geliehene Geld diente anderen Geldgeschäften, der Zahlung von Mitgiften und der Finanzierung von Leistungen für die Allgemeinheit (S. 110 f.). Auch in Rom gab es begüterte Angehörige der Oberschicht, die zinslos Darlehen vergaben. Einer von ihnen, Marcus Licinius Crassus (ca. 115–53 v. Chr.), war der reichste Mann seiner Generation und galt als skrupelloser Geschäftemacher. Berüchtigt war seine «Feuerwehr», die den Hausrat erst rettete, nachdem die Besitzer des brennenden Hauses Crassus ihre Immobilie überschrieben hatten. Die Brände, die in Rom fast täglich aufflackerten, machten das Geschäftsmodell zu einer einträglichen Angelegenheit. Uncharakteristisch großzügig zeigte sich Crassus bei der Vergabe von Darlehen, so an seinen Verbündeten Caesar, aber auch an weniger prominente Zeitgenossen: Er verlangte von seinen Schuldnern keine Zinsen, bestand aber unnachsichtig auf pünktliche Rückzahlung (Plutarch, *Crassus* 3, 1).

Symbolisches Kapital: Ehre und Macht

Woher diese unvermittelte Generosität? Die Antwort liegt auf der Hand: Indem Crassus Menschen wie Caesar zinslos Geld lieh, verpflichtete er sie sich auf Dauer. Darlehen waren ein Freundschaftsdienst, ein *beneficium*, das bei der in Rom herrschenden reziproken Ethik und schon gar im aufgeheizten politischen Alltag der späten Republik unbedingt nach einer Gegenleistung, einem *officium*, verlangte. Geld war ein wichtiges, vielleicht das entscheidende Unterpfand politischer Allianzen, denn wer es, wie Caesar, politisch bis ganz nach oben bringen wollte, brauchte

Geld, viel Geld. Aber auch die Loyalität weniger einflussreicher Persönlichkeiten erkaufte Crassus sich mit guten Gründen: Geld war das Bindemittel in einem System der Abhängigkeiten, das sich pyramidenartig nach unten fortsetzte und bei Abstimmungen die Massen in der Volksversammlung für die richtige Sache mobilisierte.

Crassus tat im Grunde nichts anderes als, frei nach Bourdieu, sein reichlich vorhandenes ökonomisches Kapital in andere Kapitalsorten umzuwandeln: in soziales Kapital – ein Netzwerk von Freunden, dessen Krönung das sogenannte Erste Triumvirat (ab 60/59 v. Chr.) mit Caesar und Pompeius war; und in symbolisches Kapital – Ansehen, Autorität und Einfluss, die entscheidenden Ingredienzien politischer Macht in Rom. Bourdieus Modell der vier Kapitalformen lebt davon, dass jede Form, gleich einer Währung, in andere Formen konvertibel, jede Kapitalform in eine andere investierbar ist: Aus Geld kann so Bildung werden, Prestige und Macht können für wirtschaftliche Ziele in die Waagschale geworfen werden; Allianzen und Netzwerke lassen sich in Einfluss umsetzen, Bildung kann dem sozialen Aufstieg dienstbar gemacht werden. Bestechung ist eine Methode der Konversion, Wohltätigkeit eine andere.

Mit diesem Modell erklären sich Verhaltensweisen antiker wie moderner Menschen, die dem geläufigen Bild vom *homo oeconomicus* zu widersprechen scheinen. Warum versehen Individuen ein Ehrenamt? Warum betätigen sie sich als Philanthropen? Kurz: Wieso verhalten sie sich uneigennützig, wo doch der Selbsterhaltungstrieb egoistische Entscheidungen geradezu zu gebieten scheint? Doch was eigennützig und damit rational ist, hängt von persönlichen Prioritäten ab und von gesellschaftlichen Rahmenbedingungen, die individuelle Prioritätensetzung beeinflussen. Schafft eine Gesellschaft Anreize für karitatives Engagement, so kann vermeintlicher Altruismus im wohlverstandenen eigenen Interesse liegen. Anreize können durch Steuervorteile entstehen, aber sie können auch immaterieller Art sein: Winkt etwa einem Stifter Ehre, findet er seinen Namen auf einer Tafel wieder, so fällt es ihm unter Umständen leicht, sich von einem Teil seines Vermögens zu trennen.

Abb. 5: Lysikratesmonument in Athen

Bestimmte Gesellschaften heute, vor allem die der USA, haben eine Tradition der Wohltätigkeit, weil Anreize für karitatives Verhalten stark und der Wohlfahrtsstaat schwach ausgeprägt sind. Antike Menschen waren erpicht darauf, für sie Wichtiges auf dauerhaftem Material festzuhalten. Diesem in der Forschung sogenannten *epigraphic habit* der Griechen und Römer verdanken wir Hunderttausende von Inschriften, ohne die unserem Wissen um die Antike ein Gutteil seiner Tiefe fehlen würde. Die epigraphische Kultur des Altertums bedeutete aber auch für Stifter, dass ihre Taten öffentlich kenntlich und damit dem Vergessen entrissen sein würden. Die Kultur des Inschriftenaufstellens und die Kultur der Großzügigkeit, die Forschung spricht von «Euergetismus», gingen gewissermaßen Hand in Hand: Sie waren zwei Seiten derselben Medaille.

Die Vorstufe zum im Hellenismus aufkommenden Euergetentum war das Leiturgienwesen im klassischen Griechenland, besonders in Athen. Anstelle regelmäßiger Steuerzahlungen aller Einwohner gab es hier ad hoc durch reiche Bürger – und Metoiken – zu leistende «Dienste», *leitourgíai*, für die Gemeinschaft. Ihrem Inhalt nach waren diese kraft Befehl der Volksversammlung zu leistenden Zahlungen so vielfältig wie die Aufgaben des Staates; die wichtigsten waren die Trierarchie, die dazu verpflichtete, ein Kriegsschiff, eine Triere, auszurüsten, und die jährlich vergebene Choregie, deren Inhaber einen Chor für die Aufführungen im Theater zu finanzieren hatten, der dort mit anderen Chören im Wettbewerb stand. Mit der Leistung von Leiturgien war erhebliches Ansehen verbunden, das auch im öffentlichen Raum zur Schau gestellt werden durfte. Den Sponsoren des siegreichen Chors spendierte die Polis am Hang der Akropolis und entlang der sogenannten Tripodenstraße, einen goldenen Dreifuß. Bis heute erhalten ist der monumentale Unterbau, den der Chorege Lysikrates 335/34 v. Chr. für seinen Dreifuß errichten ließ (Abb. 5).

Das Lysikratesmonument im Herzen von Athens Altstadt, der Plaka, lässt noch heute erahnen, wie viel Ehre es bedeutete, einen Chor finanzieren zu «dürfen», selbst wenn man sich das Geld dafür bei anderen borgen musste. Eine Choregie konnte sich politisch auszahlen: So war Perikles 472 v. Chr. Chorege für Aischylos' Tragödie *Die Perser*. Es verwundert auch nicht, wenn Athener, die zu Leiturgien herangezogen wurden, freiwillig mehr aufwendeten, als sie von Gesetzes wegen hätten müssen. Ein unbekannter Athener, den man der Bestechlichkeit beschuldigt hatte, ließ seinen Verteidiger, den Redner Lysias, vor Gericht mit buchhalterischer Präzision seine Leiturgien auflisten. Er habe mehrfach als Chorege gedient und dreimal gesiegt; sieben Jahre in Folge habe er die Trierarchie übernommen und auch persönlich das Schiff kommandiert; dazu habe er Sonderzahlungen geleistet, eine religiöse Gesandtschaft (*theōría*) finanziert und Geld für kultische Feiern aufgewendet. Viermal mehr habe er so gezahlt, als «wenn ich nur nach den Buchstaben des Gesetzes Leiturgien hätte leisten wollen» (Lysias 21, 5).

Hier sieht man, wie der Umtausch von ökonomischem in symbolisches Kapital funktioniert: Lysias' Mandant kann gegen den Verdacht der Korruption seinen guten Leumund in die Waagschale werfen, den er sich als spendabler Leiturg in langen

Jahren erarbeitet hat. Wir wissen nicht, wie der Prozess ausgegangen ist, aber der Umstand, dass der Beschuldigte ein Wohltäter der Polis war, wird der Verteidigung ihre Arbeit enorm erleichtert haben. Leiturgien leisteten nicht nur Bürger, sondern auch Metoiken: Am Beispiel des Bankiers Pasion war bereits zu sehen, wie ein reicher Nichtbürger gezielt in mächtige Fürsprecher, also soziales Kapital, und gesellschaftliches Ansehen, symbolisches Kapital, investieren konnte und am Ende das begehrte Bürgerrecht erhielt.

Im Hellenismus verschoben sich die Gewichte dadurch, dass die Territorialmonarchien ganz neue, zuvor ungekannte Spielräume für ökonomische Akteure eröffneten. Da waren zunächst die Könige, in deren Händen sich nie dagewesener Reichtum konzentrierte. Erhebliches wirtschaftliches Potential besaßen aber auch Männer, die zur näheren oder ferneren Umgebung der Könige gehörten und durch sie Karriere gemacht hatten. Sie fungierten immer wieder als Mittler zwischen dem König bzw. später römischen Würdenträgern und ihrer Heimatgemeinde und deren Bürgern, deren Interessen sie oft beharrlich vertraten: wie jener Hegesias aus Lampsakos, der sich im Zweiten Makedonischen Krieg (200–197 v. Chr.) mit dem römischen Praetor und Flottenbefehlshaber Lucius traf, um ihm darzulegen, dass der *dêmos* seiner Stadt «verwandt und befreundet» sei mit dem römischen Volk (HGIÜ 458). Aus ihrem Vermögen finanzierten solche «Wohltäter» öffentliche Bauten, kulturelle und religiöse Aktivitäten sowie Lebensmittelspenden für ihre Mitbürger, die sich, in gut griechischer Manier, mit Inschriften im öffentlichen Raum revanchierten. Mit gutem Grund: Ohne das Wirken potenter Euergeten wäre kaum eine Gemeinde in der hellenistischen Welt überlebensfähig gewesen.

Daran änderte sich nichts, als die hellenistischen Könige römischen Prokonsuln und diese den Kaisern gewichen waren, im Gegenteil: Von Osten breitete sich das euergetische System auf das gesamte Imperium Romanum aus, einschließlich Italiens. Alle, die es in der weiten römischen Welt zu etwas gebracht hatten, Konsuln, Senatoren, Statthalter, Prätorianerpräfekten, Ritter, lokale Honoratioren, ja selbst Zenturionen des römischen

Heeres, wollten, dem Vorbild des Kaisers folgend, ihre Heimatstadt am eigenen Glück teilhaben lassen. Ein besonders eindrucksvolles Monument, das den Stellenwert erahnen lässt, den die Ökonomie der Ehre im griechischsprachigen Ostteil des Reiches hatte, ist das Mausoleum des Opramoas im lykischen Rhodiapolis mit seiner aus insgesamt 70 Einzeltexten zusammengesetzten, fragmentarisch erhaltenen, aber weitgehend rekonstruierten Inschrift. Opramoas gehörte der hellenisierten Honoratiorenschicht seiner lykischen Heimat an, und er war reich – so reich, dass er, nachdem ein Erdbeben im Jahr 141 n. Chr. verheerende Schäden angerichtet hatte, die Aufbaumaßnahmen in 30 lykischen Städten maßgeblich mitfinanzierte. Über 100 000 Denare wendete er allein für den Wiederaufbau der öffentlichen Bauten in der Stadt Myra auf, 100 000 weitere Denare flossen in die Renovierung des dortigen ebenfalls beschädigten Eleuthera-Heiligtums. Anderen Gemeinden bezahlte er ihre Steuerschuld, er richtete Gladiatorenkämpfe sowie religiöse Feiern aus, kam für Mitgiften und Begräbniskosten auf und ließ Getreide verteilen. Viele der Zuwendungen erfolgten in Form von Stiftungen, die Renditen abwarfen, aus denen bestimmte Projekte finanziert wurden. Opramoas bedachte auch das *koinón*, den Bund der lykischen Städte, großzügig. Dabei war er höchstwahrscheinlich noch nicht einmal römischer Bürger – und erhielt auch kein Bürgerrecht, obwohl Kaiser Antoninus Pius (138–161 n. Chr.) seine Leistungen durchaus anerkannte.

Immerhin brachte er es zum obersten Beamten und Priester, *Lykiárchēs*, des Bundes. Die Dokumente aus Rhodiapolis zeigen, dass Ehrungen und Leistungen stets säuberlich aufeinander abgestimmt waren und dabei nach strengen Spielregeln vorgegangen wurde. Stets galt es dem Eindruck vorzubeugen, ein Wohltäter wie Opramoas wetteifere womöglich mit dem *autokrátōr*, dem Kaiser in Rom als natürlich außer Konkurrenz agierendem Euergeten. Deshalb fehlt nie der Hinweis, Großzügigkeit vor Ort sei auch und vor allem ein Dienst am Kaiser. Ferner ist aus den Dekreten ersichtlich, dass Ehrungen für die Empfänger von Wohltaten stets auch ein Mittel waren, die Großzügigkeit des Geehrten für die Zukunft sicherzustellen.

Der ökonomischen Logik des Euergetismus entsprach es, dass Leistung und Gegenleistung gleichsam einen ewigen Dialog der Reziprozität begründeten.

In Italien war natürlich die Großzügigkeit der Kaiser ohnehin konkurrenzlos. Sie war keineswegs auf die Getreidezuwendungen für die Hauptstadt Rom begrenzt. Um 100 n. Chr. begannen die Kaiser, sich vor allem der Jugend der Halbinsel zu widmen. Mit seinen Alimentarstiftungen begründete Kaiser Nerva (96 bis 98 n. Chr.) eine Praxis, die dem modernen Kindergeld nicht unähnlich scheint: «Er ordnete an, dass Jungen und Mädchen mit notleidenden Eltern in allen Städten Italiens auf öffentliche Kosten ernährt werden sollten» (Aurelius Victor, *Epitome de Caesaribus* 12). Doch waren die Alimentationen keine wohlfahrtsstaatliche Sozialleistung, die bedingungslos gegeben wurde; sie waren, wie der private Euergetismus des Opramoas, ein *beneficium*, das nach Gegenleistungen verlangte. Die Währung, in der dieses *officium* zu bezahlen war, war Loyalität; sie zuerst wurde von den Bürgern Italiens erwartet. Auch Privatleute mischten bei der Alimentation des Nachwuchses mit: etwa der jüngere Plinius, der aus seinem bedeutenden Vermögen eine ansehnliche Summe, fast zwei Millionen Sesterzen, für den Unterhalt von Kindern in seiner Heimatstadt Comum (Como) stiftete (CIL V 5262), und sogar noch ein Zenturio aus Florentia (Florenz), der eine Getreidespende für die Jugend seiner Stadt veranlasste.

VII. Schluss: Welche Wirtschaft?

Sind Entscheidungen wie die des Florentiner Zenturio, einen Teil seines sicher nicht phantastischen Vermögens für andere Menschen aufzuwenden, ökonomisch – gar ökonomisch «zweckrational»? Auf keinen Fall, würden die Vertreter der neoklassischen Theorie einwenden, schließlich vernichtet er mutwillig sein Kapital, das er doch gewinnbringend hätte investieren können. So denkt, wer den Kapitalbegriff eng betriebswirtschaftlich fasst: als Geld, das investiert wird, nicht konsumiert. Doch war für Griechen und Römer und ist selbst heute noch für viele Menschen Kapital etwas völlig anderes; ist auch Investition nicht nur Geldanlage.

Hier kommt das Bourdieu'sche Modell der vier konvertiblen Kapitalsorten ins Spiel. Geld kann eben auch auf andere Weise Früchte tragen als in wirtschaftlichen Unternehmungen. Wer ökonomisches Kapital in Allianzen oder Ansehen, in «Ehre» investiert, handelt durchaus vernünftig, er trifft eine rationale Entscheidung, die sich sogar wirtschaftlich auszahlen kann. Der Metoike Pasion leistete Leiturgien und erhielt im Gegenzug das athenische Bürgerrecht. Er erwarb sich Prestige, und die Jagd danach war im ehrversessenen Griechenland der Klassik eine mächtige Triebfeder. Pasion kam aber auch ökonomisch auf seine Kosten, denn der Bürgerstatus öffnete seinem Bankgeschäft völlig neue Perspektiven. *Homo oeconomicus* und *homo politicus* verschmolzen gewissermaßen in der Person Pasions zu einer harmonischen Einheit – ein Interessengegensatz bestand zwischen ihnen jedenfalls nicht.

So bietet denn Bourdieus Modell auch eine Chance, aus der noch immer latent schwelenden «unseligen ‹Primitivismus›-‹Modernismus›-Debatte» (Kai Ruffing, vgl. S. 15–19) herauszufinden: Die Menschen des Altertums, im Prinzip vom Neolithikum bis zur Spätantike, trafen ihre Entscheidungen nicht weniger vernünftig, nicht weniger egoistisch und damit auch nicht weniger «ökonomisch» als wir heute. Einen anthropologischen Unterschied zwischen modernem *homo oeconomicus* und antikem *homo politicus* zu konstruieren, ist abwegig. Wenn aber die Menschen die gleichen waren, warum unterscheiden sich dann wirtschaftliche Leistungsfähigkeit und Organisation so sehr zwischen Moderne und Altertum? Ist Ökonomie etwa doch, wie Karl Polanyi meinte, in der Vormoderne substantiell verschieden von modernen Formen des Wirtschaftens?

Unleugbar lebten die Menschen der Antike in einer anderen Zeit unter anderen Verhältnissen in anderen Strukturen; entsprechend anders wurden sie konditioniert: Wertmaßstäbe haben sich in 2000 Jahren verschoben, was für Ägypter, Babylonier, Griechen oder Römer erstrebenswert war, muss es heute nicht mehr sein. Allerdings waren antike Gesellschaften auch untereinander extrem verschieden; schließlich hat dieses Buch 10 000 Jahre Geschichte und einen Raum weit größer als etwa die heutige Europäische Union zum Gegenstand. Die Entscheidungen, die Menschen treffen, hängen zu einem gerüttelt Maß von der Umwelt ab, in der sie leben: Keine Vernunft ist unabhängig von Zeit und Raum. So ähnlich drückte es Polanyi aus: «Als ‹rational› wird somit weder ein Mittel noch ein Zweck angesprochen, vielmehr das Beziehen von Mitteln auf einen Zweck.» Ist der Zweck ein anderer, dann werden sich Akteure auch für andere Mittel entscheiden.

Auf diese Feststellung läuft schließlich auch die Neue Institutionenökonomik Douglass Norths hinaus: Institutionen setzen Rahmenbedingungen für Entscheidungen (sie definieren, mit Polanyi, den Zweck), und sie unterliegen, durch Zeit und Raum, stetem Wandel. Es gibt deshalb, anders als Polanyi glaubte, nicht nur eine antike und eine moderne Wirtschaft: Selbst als Idealtypen sind solch dualistische Schablonen viel zu grob. Wenn dieser kurze Überblick eines gezeigt hat, dann, dass Menschen in der Antike – so wie heute – unzählige Möglichkeiten fanden, um ihre materielle Existenz zu sichern. Es gab also viele antike Wirtschaften und nicht nur eine. Dennoch vertritt dieses Buch die Auffassung, dass es, vom klassischen Athen, verstärkt ab dem Hellenismus, und bis zum Zerfall des Römischen Reiches in der Spätantike, so etwas gibt wie ein Zeitfenster der dichtesten Interaktion – und dass es deshalb legitim ist, sämtliche ökonomischen Erscheinungen der «kurzen» Antike, grob von 300 v. Chr. bis 300 n. Chr., so widersprüchlich und kompliziert sie im Einzelfall sein mögen, idealtypisch in ihrer Gesamtheit als «die antike Wirtschaft» zusammenzufassen.

Will man diese Wirtschaft *verstehen* und nicht nur anhand vereinzelt überlieferter quantitativer und qualitativer Daten *beschreiben*, so liegt es nahe, den sie umgebenden institutionellen Rahmen mit dem der Moderne zu vergleichen. Das soll nun hier abschließend geschehen, unter (idealtypischer) Einebnung aller vorhandenen Unterschiede im Detail und in zugegebenermaßen ebenso plakativer wie (absichtlich) holzschnittartiger, dafür aber systematischer Form:

Erstens: *Märkte.* Wie moderne Volkswirtschaften kannte die Antike Märkte mit preisbildender Funktion. Mit den Phöniziern gab es noch vor dem Aufkommen gemünzten Geldes eine ganze Ethnie, die ihre Existenz auf zwischen verschiedenen Märkten fluktuierende Preise gegründet hatte (S. 45 f.). Im Italien der Kaiserzeit gab es ein hierarchisches System von Wochenmärkten, das Berufshändler gezielt ausnutzten, um durch Verhandeln von Waren auf die nächsthöhere Ebene Profite zu erwirtschaften (S. 95). Athen nutzte nach der Niederlage im Peloponnesischen Krieg konsequent seine Bedeutung als größter Markt im Mittelmeer, um die Versorgung mit überlebenswichtigem Importgetreide sicherzustellen (S. 89 f.). Freilich ist die quantitative Bedeutung echter Märkte nur schwer abzuschätzen. Die Instruktionen des ägyptischen *dioikētēs* für seinen Gehilfen (S. 97) zeigen, dass es neben freiem Markthandel auch regulierte Transaktionen gab, bei denen die Preise durch staatliche Instanzen festgelegt wurden.

Zweitens: *Gesetze.* Der bedeutendste Regulierungsversuch von Märkten und Preisen in der gesamten Antike war das Preisedikt der Tetrarchen von 301 n. Chr. Indirekt kann es als Beleg dafür dienen, dass in der beginnenden Spätantike Marktaustausch eine dominierende Rolle im Wirtschaftsleben spielte. In der Präambel berufen sich die Kaiser auf die universellen Gebote der Gerechtigkeit und die Verstöße dagegen, die sie zu dem Edikt veranlasst hätten (S. 84 f.). Ähnliche Argumente brachten Herrscher auch schon am Anfang der Schriftlichkeit vor, als Erster der frühdynastische Herrscher Urukagina von Lagasch (S. 31 f.). Durch die Beseitigung vermeintlicher Gerechtigkeitslücken per Gesetz versuchten Herrscher immer wieder, die Opportunitätskosten ihrer Untertanen zu reduzieren, um so an Legitimität zu gewinnen, auch wenn (wie vermutlich im Fall des Preisedikts) die Folgen für die Wirtschaft katastrophal waren. Das unterscheidet antike Gesetzgeber nicht von modernen. Während jedoch die Politik heute über wissenschaftliche, wenn auch nicht immer effektive Instrumente der Krisenbewältigung verfügt, konnten sich antike Herrscher allenfalls auf ihre Erfahrung und auf die Methode von *trial and error* verlassen.

Drittens: *Staaten.* Antike Staaten schufen dennoch effizient geschützte Räume für wirtschaftliche Akteure. Wer produzieren oder Handel treiben wollte, konnte sich in der Regel auf geltendes Recht verlassen und darauf, dass er selbst, seine Produktionsmittel und Waren durch staatliche Institutionen geschützt waren. So gelang es dem Imperium Romanum jahrhundertelang, das Mittelmeer piratenfrei und Nomaden in den Steppen Vorderasiens unter Kontrolle zu halten. Freilich waren oft die Staaten selbst das Problem. Ihre Politik zielte darauf ab, kurzfristig die Staatseinkünfte zu maximieren und vor allem den politischsten aller Preise, den für Brot, so niedrig wie möglich zu halten. Deshalb baten sie besonders den ökonomisch aktivsten Teil ihrer Bevölkerung – wie die Metoiken in Athen – zur Kasse und richteten ihre gesamte «Stadtwirtschaftspolitik» (Max Weber) auf die Versorgung großstädtischer Konsumenten aus. Diesem Programm folgte das athenische Verbot, Seedarlehen für Getreidefahrten zu vergeben, die andere Häfen als den Piräus ansteuerten (S. 106 f.). Überlegungen, wie sie Xenophon in den *Staatseinkünften* anstellt, scheinen sonst kaum eine Rolle gespielt zu haben: An eine aktive Rolle des Staates bei der Belebung einer darniederliegenden Volkswirtschaft dachte sonst niemand.

Viertens: *Sklaverei.* Ein Thema für sich, das in dieser Darstellung nur oberflächlich berührt werden konnte, ist die Sklaverei, die Marx für das entscheidende Charakteristikum antiker Gesellschaften hielt. Ohne ihre Bedeutung relativieren zu wollen, sind Historiker heute vorsichtiger: Sklavenarbeit war kein so billiges Gut, wie lange angenommen wurde (jedenfalls nicht durchgängig), und die Verteilung von unfreier Arbeit auf verschiedene Regionen und Wirtschaftssektoren war ausgesprochen ungleichmäßig. Sklaven teilten einen Rechtsstatus, sie bildeten jedoch keine soziale Klasse, die etwa, analog dem Arbeiterproletariat der industriellen Revolution, zu gemeinsamem koordinierten Handeln fähig gewesen wäre. Und anders als in der amerikanischen Plantagenwirtschaft gewann unfreie Arbeit in keinem Bereich der antiken Wirtschaft jemals eine marktbeherrschende Stellung. Gerade in Sektoren aber, in denen Sklaven in großen Zahlen zum Einsatz kamen – vor allem in der Landwirtschaft, im Bergbau, aber auch im produzierenden Gewerbe –, setzten sich arbeitsteilige Produktionsprozesse relativ am stärksten durch. Zugleich waren Investitionen in Sklaven kapitalintensiv, die Produktion daher weniger flexibel als mit freien Arbeitskräften, denen jederzeit gekündigt werden konnte.

Fünftens: *Normen.* Als einen entscheidenden Unterschied zwischen modernem und antikem «Kapitalismus» benannte Max Weber das generell «antichrematistische» Klima im politischen Denken von Griechen und Römern. Tatsächlich hatten die wenigen, die Mittel und Muße hatten, sich über Ethik den Kopf zu zerbrechen, keine besonders hohe Meinung von denen, die ihr Leben dem Erwerb widmeten – Kronzeugen für ihre Vorurteile waren Cicero und Seneca (S. 98). Gewiss: In den ungezählten von Töpfern auf ihren Gefäßen angebrachten Signaturen («x hat mich gemacht») und in Grabmonumenten von Bäckern, Töpfern und Schmieden artikuliert sich echter Handwerkerstolz: die Gewissheit, professionell einem nützlichen Beruf nachzugehen. Doch wessen Meinung zählte im Kampf um die ethische Lufthoheit über der antiken Mittelmeerwelt wohl mehr? Die eines Töpfers oder die von schreibenden Angehörigen der grundbesitzenden *leisure class* mit ihrem geballten ökonomischen, sozialen, kulturellen und symbolischen Kapital?

Der antichrematistischen Doktrin der antiken Staatsphilosophie gibt kein antiker Intellektueller besser Ausdruck als Aristoteles, der in seiner *Politik* die Hausverwaltungskunst (*oikonomía*) von der Kunst des Gelderwerbs (*chrēmatistikḗ*) abgrenzt (S. 99 f). «Ökonomie» bezieht sich für ihn auf die Fähigkeit, einen Haushalt oder Staat mit allem zu versorgen, was er nötig hat. Diese Kunst schaffe wahren Reichtum, sie sei dem Menschen von der Natur in die Wiege gelegt. Dagegen ziele die Kunst des Gelderwerbs über jede natürliche Schranke des Reichtums hinaus, sie strebe nach grenzenlosem Besitz. Es ist, als würde Aristoteles hier die Konturen des Sombart'schen Bourgeois vor Augen haben, der sich mit seiner ganzen Person der unendlichen Vergrößerung seines Unternehmens verschrieben hat.

Trifft also Aristoteles' Polemik hier einen realen Typus, den antiken Bourgeois, nicht minder unersättlich als sein moderner Cousin und kaum weniger charakteristisch für die ökonomische Dynamik seines Zeitalters? Wohl kaum, denn dieser Chrematist mit der grenzenlosen Gier taucht nirgends im realen Leben der Antike auf. Keine einzige Biographie eines realen oder fiktiven Tycoons, der die Statur des modernen Unternehmers gehabt hätte: nicht Pasion, der, statt mit seinem Bankgeschäft grenzenlos zu expandieren, lieber das Bürgerrecht erwarb und sich im Alter, seinen Betrieb verpachtend, zur Ruhe setzte; nicht Opramoas, der erfolglos dasselbe Ziel verfolgte, aber im Gegenzug für die Millionen, die er spendete, immerhin die Dankbarkeit seiner lykischen Landsleute und die Anerkennung des Kaisers erwarb; nicht Crassus, der seinen Schuldnern Wucherzinsen hätte abnehmen können, aber ihre Loyalität vorzog, um politisch zu reüssieren; ja nicht einmal Trimalchio, der sein ganzes Geld in ein hochriskantes Seehandelsunternehmen steckte, verlor, erneut investierte, gewann – nur um sich schließlich ein Landgut zu kaufen und, als Freigelassener, den Lebensstil eines Senators zu pflegen.

War die Wirtschaft in der Oikumene der kurzen Antike eine Weltwirtschaft? Manches spricht dafür: zunächst die regelmäßige Mobilität von Menschen und Gütern über einen langen Zeitraum und einen bedeutenden Teil der Alten Welt. Im Prinzip von Lixus im westlichen Marokko bis mindestens zum indischen Muziris reichte eine Art semiglobale Interaktionszone des Luxushandels. Der Akzent liegt auf «Luxus», denn so mobil waren ausschließlich hochpreisige Waren, deren Wert die immensen Transportkosten rechtfertigte. Immerhin wurden ab dem 4. Jh. n. Chr. Massengüter, vor allem Getreide, aber auch relativ billige Fertigerzeugnisse, in geographisch kleinerem, aber immer noch beachtlichen Maßstab bewegt. Rom und Italien wurden in wachsendem Maß von Nordafrika, vor allem Ägypten, abhängig. Doch war diese Abhängigkeit einseitig, die Warenströme kanalisiert in einem System tributärer Umverteilung von der Peripherie ins Zentrum. Echte ökonomische Interdependenz sieht anders aus.

Außerdem blieb die antike Wirtschaft selbst auf dem Höhepunkt der kurzen Antike relativ leistungsschwach und zudem technologisch unter ihren Möglichkeiten. Das römische Weltreich vermochte sie nur zu tragen, solange der Druck von außen gering, die Kosten seiner Erhaltung minimal waren. Kaum änderte sich die weltpolitische Lage, schlitterte das römische Kaisertum in die Krise der Soldatenkaiserzeit, in der die unzureichende finanzielle und ökonomische Basis des Imperiums offenbar wurde.

Eigentumsverhältnisse, vor allem die Allgegenwart der Pacht, erhöhten die Kosten für Investitionen ebenso wie die Verfügbarkeit unfreier Arbeitskraft. So dauerte es oft Jahrzehnte, bis sich technologische Innovationen in der Praxis durchsetzten. Die meisten Städte blieben, statt zu veritablen Markt- und Gewerbestandorten heranzuwachsen wie die mittelalterlichen Kommunen, Konsumentenstädte, die agrarische Überschüsse aus dem Umkreis abschöpften, um zu existieren. Große Ausnahmen waren, innerhalb gewisser Grenzen, Athen im 4. Jh. v. Chr. und Handelsmetropolen wie Palmyra; jenseits davon blieben die Städte flächendeckend Kostgängerinnen ihres Umlands. Zum dauerhaften Einrasten solch konservativer Strukturen trugen der extrem hohe Tauschwert symbolischen Kapitals in antiken Gesellschaften und nicht zuletzt die antichrematistische Wirtschaftsethik bei. Wenn Sombarts Bourgeois noch fast 2000 Jahre auf sich warten ließ, dann verdankte die Antike das auch Aristoteles.

Glossar

Auxiliartruppen: Hilfstruppen des römischen Heeres, bestehend aus Nichtbürgern

conspicuous consumption: engl. «demonstrativer Verbrauch», von Thorstein Veblen eingeführter Begriff der Soziologie: demonstrative Zurschaustellung von Prestige durch Konsum

Dark Ages: engl. «Dunkle Jahrhunderte»: Periode der griechisch-ostmediterranen Geschichte, von ca. 1200 bis 700 v. Chr.

Delisch-Attischer Seebund: ab 478/77 v. Chr. Schutzbündnis der Ägäisanrainer gegen die Perser; ab ca. 450 v. Chr. Instrument der athenischen Hegemonie in der Ägäis

Entrepreneur: «Unternehmer»: im Alten Orient und mykenischen Griechenland privater Auftragnehmer großer Institutionen wie Tempel und Paläste

Euergetismus: «Wohltätertum»: bezeichnet in der Forschung das gemeinnützige Engagement von Herrschern und Honoratioren in hellenistisch-römischer Zeit

Gamoren: grundbesitzende Oligarchie in Syrakus

garum, auch *liquamen*: Würzsauce aus mit Salzlake versetzten und anschließend gedörrten Fischen

Holozän: jüngste erdgeschichtliche Epoche nach der letzten Eiszeit, ab ca. 9700 v. Chr.

Kastellvici: zivile Siedlungen im Umfeld römischer Legionslager

Kleruchie: Siedlung, deren Bewohner Bürger der Mutterstadt blieben; von Athen aus ab dem 6. Jh. v. Chr. in der Ägäis gegründet

Konsumentenstadt: von Max Weber eingeführter Begriff: Stadt, die vom Konsum großer Haushalte (Höfe, Aristokraten) lebt; Gegensatz: Produzentenstadt

Latifundium: spezifisch römische Variante des Großgrundbesitzes ab der späten Republik, mit Großeinsatz von Sklaven und spezialisierter Produktion für Märkte

leisure class: Begriff der Soziologie: nicht arbeitende Oberschicht

Linear B: Silbenschriftsystem auf Kreta und im mykenischen Griechenland, verwendet vom 15. bis zum 12. Jh. v. Chr.; die verschriftlichte Sprache war Griechisch

Metoiken: griech. «Mit-Wohnende»: in Athen Fremde ohne Bürgerrecht, mit Verpflichtung, die Metoikensteuer (*metoíkion*) zu zahlen, und ohne Recht, Grundbesitz zu erwerben

Neolithisierung: Begriff der Archäologie: Übergang zu sesshafter Landwirtschaft

Nominal: Münznominal: Münzen entsprechend ihrem Nennwert

Notitia Dignitatum: spätantikes römisches Staatshandbuch, entstanden zwischen ca. 395 und 433 n. Chr., mit Listen der Provinzen, Heere sowie militärischen und zivilen Dienststellen

Opportunitätskosten: Begriff der Ökonomie: theoretische Kosten, die wirtschaftlichen Akteuren durch entgangene Chancen entstehen

Pleistozän: erdgeschichtliche Epoche: Beginn vor ca. 2,5 Mio Jahren, Ende mit der letzten Eiszeit um 9700 v. Chr.

Polis: Stadtstaat im antiken Griechenland ab ca. 700 v. Chr., bezeichnet eigentlich den Bürgerverband

Spartiaten: in der Hoplitenphalanx kämpfende Vollbürger in Sparta

Tetrarchie: griech. «Viererherrschaft»: von Diokletian 293 n. Chr. eingeführtes System der Herrschaftsteilung in Rom, mit zwei Ober- (*Augusti*) und zwei zur Nachfolge designierten Unterkaisern (*Caesares*), Auflösung ab 306 n. Chr.

Transaktionskosten: Begriff der Ökonomie: Kosten, die durch die Benutzung des Marktes, zum Beispiel durch Kauf oder Miete, entstehen

Triere: «Dreiruderer»: Kriegsschiff, bei dem die Ruderer in drei Reihen angeordnet waren

Verlagssystem: (frühneuzeitliche) Produktion von Gütern in Heimarbeit, mit zentralem Vertrieb

Vindolanda-Tafeln: hölzerne Schreibtafeln, die in Vindolanda am Hadrian's Wall gefunden wurden und Einblick in den Alltag des britischen Garnisonsortes geben

Bibliographie

A. Allgemeiner Teil

I. Allgemeine Darstellungen zur antiken Wirtschaft

Fellmeth, U., *Pecunia non olet. Die Wirtschaft der antiken Welt*, Darmstadt 2008; Finley, M. I., *Die antike Wirtschaft*, München [3]1993; Heichelheim, F. M., *Wirtschaftsgeschichte des Altertums vom Paläolithikum bis zur Völkerwanderung der Germanen, Slaven und Araber*, Bde. 1–2, Leiden 1938; Kloft, H., *Die Wirtschaft der griechisch-römischen Welt. Eine Einführung*, Darmstadt 1992; Pekáry, T., *Die Wirtschaft der griechisch-römischen Antike* (*Wissenschaftliche Paperbacks. Sozial- und Wirtschaftsgeschichte*, Bd. 9), Wiesbaden [2]1979; Ruffing, K., *Wirtschaft in der griechisch-römischen Antike*, Darmstadt 2012; Scheidel, W., I. M. Morris und R. P. Saller (Hg.), *The Cambridge economic history of the Greco-Roman world*, Cambridge 2007.

II. Wirtschaft in bestimmten Epochen

1. Alter Orient: Kuhrt, A., *The ancient Near East*, London 1995; Liverani, M., *Antico Oriente. Storia, società, economia*, Bari 1988; Nissen, H. J., *Geschichte Alt-Vorderasiens* (*Grundriss der Geschichte*, Bd. 25), München [2]2012; Renger, J., ‹Probleme und Perspektiven einer Wirtschaftsgeschichte Mesopotamiens›, *Saeculum* 40 (1989), 166–178; Renger, J., ‹On economic structures of ancient Mesopotamia›, *Orientalia* 63 (1994), 157–208; Silver, M., *Economic structures of the ancient Near East*, London 1985.

2. Griechenland und Hellenismus: Austin, M. M. und P. Vidal-Naquet, *Gesellschaft und Wirtschaft im alten Griechenland*, München 1984; Migeotte, L., *The economy of the Greek cities. From the archaic period to the early Roman Empire*, Berkeley 2009; Rostovtzeff, M., *Gesellschafts- und Wirtschaftsgeschichte der hellenistischen Welt*, Darmstadt 1984.

3. Rom und Spätantike: De Martino, F., *Storia economica di Roma antica*, Firenze 1979; Duncan-Jones, R., *The economy of the Roman Empire. quantitative studies*, Cambridge 21982; Garnsey, P. D. A. und R. P. Saller, *The Roman Empire. Economy, society and culture*, London 1987; Harris, W. V., *Rome's imperial economy. Twelve essays*, Oxford 2011; Jones, A. H. M., *The Roman economy. Studies in ancient economic and administrative history*, Oxford 1974; Kloft, H., *Die Wirtschaft des Imperium Romanum*, Mainz am Rhein 2006; Rostovtzeff, M., *Gesellschaft und Wirtschaft im Römischen Kaiserreich*, Leipzig 1929; Scheidel, W. (Hg.), *The Cambridge companion to the Roman economy*, Cambridge 2012.

B. Spezieller Teil

I. Einleitung: Szenarien

Bücher, K., *Die Entstehung der Volkswirtschaft. Vorträge und Aufsätze. Erste Sammlung*, Tübingen [10]1917; Finley, M. I., *The Bücher-Meyer-controversy*, New York 1979; Lewit, T., *Agricultural production in the Roman economy, A. D. 200–400* (*BAR. International series*, Bd. 568), Oxford 1991; Mazza, M., *Lotte sociali e restaurazione autoritaria nel III secolo d. C.*, Roma 1973; Meyer, E., *Die wirthschaftliche Entwicklung des Alterthums. Ein Vortrag, gehalten auf der dritten Versammlung deutscher Historiker in Frankfurt a. M. am 20. April 1895*, Jena 1895; North, D. C., *Theorie des institutionellen Wandels: Eine neue Sicht der Wirtschaftsgeschichte*, Tübingen 1988; North, D. C., *Understanding the Process of Economic Change*, Princeton 2005; Polanyi, K., *Ökonomie und Gesellschaft*, Frankfurt am Main 1979; Quet, M.-H. (Hg.), *La «crise» de l'Empire romain. De Marc-Aurèle à Constantin. Mutations, continuités, ruptures*, Paris 2006; Rives, J. B., ‹The decree of Decius and the religion of the Empire›, *Journal of Roman Studies* 89 (1999), 135–153; Silver, M., *Economic structures of antiquity*, Westport (Conn.) 1995; Weber, M., ‹Agrarverhältnisse im Altertum (3. Fassung)›, in: *Zur Sozial- und Wirtschaftsgeschichte des Altertums* (*Max Weber Gesamtausgabe*, Bd. I. 6), hg. v. Jürgen Deininger, Tübingen 2006, 300–747; Witschel, C., *Krise – Rezession – Stagnation? Der Westen des römischen Reiches im 3. Jahrhundert n. Chr.*, Frankfurt am Main 1999.

II. Revolutionen

Algaze, G., *The Uruk world system. The dynamics of expansion of early Mesopotamian civilization*, Chicago 1993; Bernbeck, R., ‹Migratory patterns in early nomadism. A reconsideration›, *Paléorient* 18 (1992), 77–88; Cauvin, M.-C., *L'obsidienne au Proche et Moyen Orient. Du volcan à l'outil* (*BAR. International series*, Bd. 738), Oxford 1998; Childe, V. G., *Vorgeschichte der europäischen Kultur* (*Rowohlts deutsche Enzyklopädie*, Bd. 101), Hamburg 1960; Fischer, J., ‹Die mykenische Palastwirtschaft. Aspekte frühgriechischen Wirtschaftslebens im Spiegel der Linear-B-Texte›, in: S. Günther (Hg.), *Ordnungsrahmen antiker Ökonomien. Ordnungskonzepte und Steuerungsmechanismen antiker Wirtschaftssysteme im Vergleich*, Wiesbaden 2012, 41–81; Khazanov, A. M., *Nomads and the outside world*, Madison (Wis.) [2]1994; Kuhrt, A., ‹The Old Assyrian merchants›, in: H. Parkins und C. Smith (Hg.), *Trade, traders and the ancient city*, London 1998, 15–29; Nissen, H. J., *Grundzüge einer Geschichte der Frühzeit des Vorderen Orients*, Darmstadt [3]1995; Selz, G., *Die altsumerischen Wirtschaftsurkunden der Eremitage zu Leningrad*, Stuttgart 1989; Silva Castillo, J., ‹Nomadism through the ages›, in: D. C. Snell (Hg.), *A companion to the Ancient Near East*, Malden (MA) 2008, 142–156.

III. Vernetzung

Aubet, M. E., *The Phoenicians and the West. Politics, colonies and trade*, Cambridge [2]2001; Coldstream, J. N., ‹Greeks and Phoenicians in the Aegean›, in: H. G. Niemeyer (Hg.), *Phönizier im Westen* (*Madrider Beiträge*), Mainz am Rhein 1982, 261–272; Geiss, I., ‹The intercontinental long-distance trade. A preliminary survey›, *Itinerario* 10 (1986), 33–51; Gupta, S., ‹Monsoon environments and the Indian Ocean interaction sphere in antiquity. 3000 BC–AD 300›, in: Y. Yasuda (Hg.),

Monsoon and civilization, New Delhi 2004, 133–160; Heldaas Seland, E., ‹The Indian Ocean and the globalisation of the Ancient World›, *Ancient West & East* 7 (2008), 65–77; Heldaas Seland, E., *Ports and political power in the Periplus. Complex societies and maritime trade on the Indian Ocean in the first century AD* (*BAR*, Bd. 2102), Oxford 2010; Heldaas Seland, E., ‹The Persian Gulf or the Red Sea? Two axes in ancient Indian Ocean trade, where to go and why›, *World Archaeology* 43 (2011), 398–409; Liverani, M., *Prestige and interest. International relations in the Near East ca. 1600–1000 B. C.*, Padova 1990; Liverani, M., ‹The trade network of Tyre according to Ezek. 27›, in: M. Cogan und I. Eph'al (Hg.), *Ah, Assyria (Festschrift Hayyîm Tadmor)*, Jerusalem 1991, 65–79; Morley, N., *Trade in classical antiquity*, Cambridge 2007; Sommer, M., *Die Phönizier. Handelsherren zwischen Orient und Okzident*, Stuttgart 2005; Sommer, M., *Die Phönizier. Geschichte und Kultur*, München 2008; Sonnabend, H., *Die Grenzen der Welt. Geographische Vorstellungen der Antike*, Darmstadt 2007; Young, G. K., *Rome's eastern trade. International commerce and imperial policy. 31 BC – AD 305*, London 2001.

IV. Arbeit

Boardman, J., *Schwarzfigurige Vasen aus Athen. Ein Handbuch*, Mainz am Rhein [4]1994; Cech, B., *Technik in der Antike*, Stuttgart 2010; Finley, M. I., *Die Sklaverei in der Antike. Geschichte und Probleme*, München 1981; Fischer, T., *Die Armee der Caesaren. Archäologie und Geschichte*, Regensburg 2012; Foulon, B. (Hg.), *Tanagra. Mythe et archéologie*, Paris 2003; Hirt, A. M., *Imperial mines and quarries in the Roman world. Organizational aspects. 27 BC–AD 235*, Oxford 2010; Lauffer, S., *Die Bergwerkssklaven von Laureion*, Wiesbaden [2]1979; Pferdehirt, B., *Die römischen Terra-Sigillata-Töpfereien in Südgallien*, Stuttgart 1978; Schumacher, L., *Sklaverei in der Antike. Alltag und Schicksal der Unfreien*, München 2001; Shanks, M., *Art and the early Greek state. An interpretive archaeology*, Cambridge 2004; Wilson, A., ‹Fishy business. Roman exploitation of marine resources›, *Journal of Roman Archaeology* 19 (2006), 525–537; Woolf, G., *Becoming Roman. The origins of provincial civilization in Gaul*, Cambridge 1998.

V. Institutionen

Bang, P. F., *The Roman bazaar. A comparative study of trade and markets in a tributary empire*, Cambridge 2008; Booth, W. J., *Households. On the moral architecture of the economy*, Ithaca (N. Y.) 1993; Brandt, H., ‹Erneute Überlegungen zum Preisedikt Diokletians›, in: A. Demandt, A. Goltz und H. Schlange-Schöningen (Hg.), *Diokletian und die Tetrarchie*, Berlin 2004, 47–55; Bravo, B., ‹Le commerce des céréales chez les Grecs de l'époque archaïque›, in: P. Garnsey und C. R. Whittaker (Hg.), *Trade and famine in classical antiquity*, Cambridge 1983, 17–29; Briant, P., *Rois, tributs et paysans. Études sur les formations tributaires du Moyen-Orient ancien*, Paris 1982; Davies, J. K., ‹The fourth century crisis. What crisis?›, in: W. Eder (Hg.), *Die athenische Demokratie im 4. Jahrhundert v. Chr*, Stuttgart 1995, 29–36; Gardner, J. F. und T. E. J. Wiedemann, *The Roman household. A sourcebook*, London 1991; Garnsey, P., *Famine and food supply in the Graeco-Roman world. Responses to risk and crisis*, Cambridge 1989; Garnsey, P., *Cities, peasants and food in classical antiquity. Essays in social and economic history*, Cambridge 1998; Garnsey, P. und R. Saller, *The Roman empire. Economy, society and culture*, Berkeley

1987; Lauffer, S., *Diokletians Preisedikt* (*Texte und Kommentare*, Bd. 5), Berlin 1971; Meißner, B., ‹Über Zweck und Anlaß von Diokletians Preisedikt›, *Historia* 49 (2000), 79–200; Oliver, G. J., *War, food, and politics in early Hellenistic Athens*, New York 2007; Rohde, D., *Zwischen Individuum und Stadtgemeinde. Die Integration von «Collegia» in Hafenstädten*, Mainz 2012; Veblen, T., *The Theory of the leisure class. An economic study in the evolution of institutions*, New York 1899; Weber, M., *Wirtschaft und Gesellschaft. Grundriß der verstehenden Soziologie*, Frankfurt am Main 2005; Whitby, M., ‹The grain trade of Athens in the fourth century BC›, in: H. Parkins und C. Smith (Hg.), *Trade, traders and the ancient city*, London 1998, 99–124; Wilkins, J. und S. Hill, *Food in the ancient world*, Oxford 2006.

VI. Kapital

Bourdieu, P., *Das politische Feld. Zur Kritik der politischen Vernunft*, Konstanz 2001; Eich, A., *Die politische Ökonomie des antiken Griechenland (6.–3. Jahrhundert v. Chr.)*, Köln u. a. 2006; Howgego, C., *Geld in der antiken Welt. Was Münzen über Geschichte verraten*, Stuttgart 2000; Kloft, H., *Liberalitas principis. Herkunft und Bedeutung. Studien zur Prinzipatsideologie*, Köln 1970; Kokkinia, C., *Die Opramoas-Inschrift von Rhodiapolis. Euergetismus und soziale Elite in Lykien*, Bonn 2000; Lomas, K. und T. J. Cornell (Hg.), *«Bread and circuses». Euergetism and municipal patronage in Roman Italy*, London 2003; Martin, T. R., ‹Why did the Greek polis originally need coins?›, *Historia* 45 (1996), 257–283; Marx, K., *Ökonomische Schriften*, Stuttgart 1970; Reden, S. von, *Money in classical antiquity*, Cambridge 2010; Rohde, D., ‹Bürgerpflicht und Gleichheitsideal. «Besteuerung» und ihre diskursiven Grundlagen in Sparta und Athen›, in: S. Günther (Hg.), *Ordnungsrahmen antiker Ökonomien. Ordnungskonzepte und Steuerungsmechanismen antiker Wirtschaftssysteme im Vergleich*, Wiesbaden 2012, 23–40; Sombart, W., *Der Bourgeois. Zur Geistesgeschichte des modernen Wirtschaftsmenschen*, Reinbek bei Hamburg 1988; Veyne, P., *Le pain et le cirque. Sociologie historique d'un pluralisme politique*, Paris 1976.

Abkürzungen

CIL: *Corpus Inscriptionum Latinarum*, begr. v. Th. Mommsen, Berlin 1862 ff.

HGIÜ: *Historische griechische Inschriften in Übersetzung*, hg. u. übers. v. K. Brodersen. Damstadt 1992–1999.

IGLS: *Les inscriptions grecques et latines de la Syrie*, begr. v. L. Jalabert, Paris 1929 ff.

Personenregister

Bildnachweis

Abb. 1: British School at Athens; *Abb. 2:* bpk / Antikensammlung, SMB / Johannes Laurentius; *Abb. 3:* Aus Brigitte Cech, Technik in der Antike, Theiss Verlag, Stuttgart 2010, S. 151; *Abb. 4:* akg-images / Tristan Lafranchis; *Abb. 5:* Autor; *Karte:* Peter Palm, Berlin